T*** (W. S.) 1879 - Juin - 16

CATALOGUE

DES

GRANDS LIVRES

A FIGURES

DES OUVRAGES DE LITTÉRATURE ET D'HISTOIRE

COMPOSANT LA BIBLIOTHÈQUE

DE FEU M. W. S. T*** (DE MOSCOU)

DONT LA VENTE AURA LIEU

Le Lundi 16 *Juin* 1879 *et jours suivants*

A 8 HEURES PRÉCISES DU SOIR

Rue des Bons-Enfants, 28 (maison Silvestre)

SALLE N° 1

Par le ministère de Me MAURICE DELESTRE, commissaire-priseur,
Successeur de M. DELBERGUE-CORMONT
Rue Drouot, 27.

Le Nouveau Testament slavon, imprimé par ordre de Pierre le Grand. — Physique sacrée, 8 vol. in-fol. — Le P. Helyot. — Opuscules de Luther. — Cérémonies et coutumes religieuses. — Platon, de Cousin. — Epidemia Gallica, 1497. — Les Arts somptuaires. — Le Moyen Age et la Renaissance. — La Gazette des beaux-arts. — Seroux d'Agincourt, 6 vol. in-fol. — La Renaissance, par de Laborde. — Galerie Choiseul. — Galerie du Palais-Royal. — Galerie de Le Brun. — Musée Filhol. — Musée français. — Musée Laurent. — Galerie de Florence. — Galerie de Vienne. — Galerie de Dresde. — Galerie de Munich. — Galerie de Dusseldorf. — Galerie du Luxembourg. — Liber Veritatis, de Claude Le Lorrain. — Délices de Paris, par Perelle. — Musée des antiques de Bouillon. — Métamorphoses d'Ovide, de Banier, 4 vol. in-4. — Fabliaux et Contes, 6 vol., grand papier. — *Le Salve d'Alkimie*, gothique. — Fables de la Fontaine, figures d'Oudry, 4 vol. in-fol., grand papier. — Corneille, 1817, 12 vol., grand papier, figures de Moreau avant la lettre. — La Folle Journée, 1785, papier vélin. — Rabelais, 76 gravures, 1er tirage in-folio. — Lettres d'une Péruvienne, figures avant la lettre. — Voltaire, *Kehl*, 74 vol., 2 suites de figures. — Bibliothèque latine-française, de Panckoucke, 211 vol. — Bibliothèque elzevirienne, 163 vol. — Voyage de Saint-Non, figures avant la lettre. — Description de l'Egypte. — Recueil des isles de la mer Oceane, 1532. — Description de la France, par de Laborde, 12 vol. in-fol. fig. avant la lettre. — Collection des Mémoires de Petitot, 131 vol. — Tableaux de la Suisse, 4 vol. in-fol. *Eaux-fortes*. — Ouvrages sur la Pologne et la Russie. — Histoire de la Nouvelle-France, par Lescarbot. — Montfaucon, 20 vol. in-folio, *grand papier*. — Niceron, 44 vol. in-12. — Académie des inscriptions, 50 vol. in-4. — Histoire littéraire de France, 22 vol. in-4. — L'Europe illustre, 6 vol. in-4, portraits. — Brunet, 6 vol. gr. in-8, etc., etc.

PARIS
ADOLPHE LABITTE
LIBRAIRE DE LA BIBLIOTHÈQUE NATIONALE
4, rue de Lille, 4

1879

PARIS

TYPOGRAPHIE GEORGES CHAMEROT

19, RUE DES SAINTS-PÈRES, 19

CATALOGUE

DES

GRANDS LIVRES

A FIGURES

DES OUVRAGES DE LITTÉRATURE ET D'HISTOIRE

COMPOSANT LA BIBLIOTHÈQUE

DE FEU M. W. S. T*** (DE MOSCOU)

DONT LA VENTE AURA LIEU

Le Lundi 16 *Juin* 1879 *et jours suivants*

A 8 HEURES PRÉCISES DU SOIR

Rue des Bons-Enfants, 28 (maison Silvestre)

SALLE N° 1

Par le ministère de Me MAURICE DELESTRE, commissaire-priseur,
Successeur de M. DELBERGUE-CORMONT
Rue Drouot, 27.

Le Nouveau Testament slavon, imprimé par ordre de Pierre le Grand. — Physique sacrée, 8 vol. in-fol. — Le P. Helyot. — Opuscules de Luther. — Cérémonies et coutumes religieuses. — Platon, de Cousin. — Epidemia Gallica. 1497. — Les Arts somptuaires. — Le Moyen Age et la Renaissance. — La Gazette des beaux-arts. — Seroux d'Agincourt, 6 vol. in-fol. — La Renaissance, par de Laborde. — Galerie Choiseul. — Galerie du Palais-Royal. — Galerie de Le Brun. — Musée Filhol. — Musée français. — Musée Laurent. — Galerie de Florence. — Galerie de Vienne. — Galerie de Dresde. — Galerie de Munich. — Galerie de Dusseldorf. — Galerie du Luxembourg. — Liber Veritatis, de Claude Le Lorrain. — Délices de Paris, par Perelle. — Musée des antiques de Bouillon. — Métamorphoses d'Ovide, de Banier, 4 vol. in-4. — Fabliaux et Contes, 6 vol., grand papier. — *Le Salve d'Alkimie*, gothique. — Fables de la Fontaine, figures d'Oudry, 4 vol. in-fol., grand papier. — Corneille, 1817, 12 vol., grand papier, figures de Moreau avant la lettre. — La Folle Journée, 1785, papier vélin. — Rabelais, 76 gravures, 1er tirage in-folio. — Lettres d'une Péruvienne, figures avant la lettre. — Voltaire. *Kehl*. 74 vol., 2 suites de figures. — Bibliothèque latine-française, de Panckoucke, 211 vol. — Bibliothèque elzevirienne, 163 vol. — Voyage de Saint-Non, figures avant la lettre. — Description de l'Egypte. — Recueil des isles de la mer Oceane, 1532. — Description de la France, par de Laborde, 12 vol. in-fol. fig. avant la lettre. — Collection des Mémoires de Petitot, 131 vol. — Tableaux de la Suisse, 4 vol. in-fol. *Eaux-fortes*. — Ouvrages sur la Pologne et la Russie. — Histoire de la Nouvelle-France, par Lescarbot. — Montfaucon, 20 vol. in-folio, *grand papier*. — Niceron, 44 vol. in-12. — Académie des inscriptions, 50 vol. in-4. — Histoire littéraire de France, 22 vol. in-4. — L'Europe illustre, 6 vol. in-4, portraits. — Brunet, 6 vol. gr. in-8, etc., etc.

PARIS

ADOLPHE LABITTE

LIBRAIRE DE LA BIBLIOTHÈQUE NATIONALE

4, rue de Lille, 4

1879

CONDITIONS DE LA VENTE

La vente se fait au comptant.

Les acquéreurs paieront 5 0/0 en sus des enchères.

Les ouvrages sont garantis complets et en bon état, à moins d'indications contraires.

Il y aura chaque jour de vente, de 2 à 4 heures, exposition des livres de la vacation du soir.

Le libraire, chargé de la vente, remplira les commissions des personnes qui ne pourraient y assister.

Paris. — Typ. G. Chamerot, 19, rue des Saints-Pères. — 8066.

ORDRE DES VACATIONS.

Première vacation. — *Lundi 16 juin* 1879.

	Numéros.
Théologie, Jurisprudence, Sciences	1 — 121
Beaux-Arts	174 — 196

Deuxième vacation. — *Mardi* 17 *juin.*

Belles-Lettres, Poésie, Théâtre	233 — 325
Beaux-Arts	197 — 232

Troisième vacation. — *Mercredi* 18 *juin.*

Belles-Lettres, Romans, Épistolaires, Polygraphes	326 — 483

Quatrième vacation. — *Jeudi* 19 *juin.*

Histoire, Voyages	497 — 591
Polygraphes et Collections	484 — 496

Cinquième vacation. — *Vendredi* 20 *juin.*

Histoire ancienne, Histoire de France	592 — 743

Sixième vacation. — *Samedi* 21 *juin.*

Histoire étrangère, Archéologie	744 — 896

Septième vacation. — *Lundi* 23 *juin.*

Archéologie, Biographie, Bibliographie	897 — 1092

Huitième vacation. — *Mardi* 24 *juin.*

Beaux-Arts, Galeries, et Musées	122 — 173

CATALOGUE

DES

GRANDS LIVRES

A FIGURES

DES OUVRAGES DE LITTÉRATURE ET D'HISTOIRE

COMPOSANT LA BIBLIOTHÈQUE

DE FEU M. W. S. T***.

DE MOSCOU

THÉOLOGIE

1. Biblia pauperum a domino Bonaventura edita, omnibus predicatoribus perutilis. *Anno* 1490, in-4, goth. à 2 col. demi-rel.

2. La Sainte Bible qui contient le Vieux et le Nouveau Testament, édition nouvelle, faite sur la version de Genève, reveuë et corrigée; enrichie, outre les anciennes notes, de toutes celles de la Bible flamande, etc., de plusieurs cartes curieures, le tout disposé par les soins de Sam. et de Henry Desmarets. *A Amsterdam, chez Louys et Dan. Elzevier*, 1669, 2 vol. gr. in-fol. pl. veau fauve, dent. et compart. de dorure, tr. dor. (*Rel. anc.*)

PAPIER IMPÉRIAL.

3. Histoire du Vieux et du Nouveau Testament, enrichie de plus de quatre cens figures en taille-douce. *A Anvers, chez Pierre Mortier*, 1700, 2 vol. in-fol. front. fig. veau.

Exemplaire en grand papier.

4. HET NIEUWE TESTAMENT of te al boecken des nieuwen Verbonts onses heeren Jesu Christi gedruck door last van Zyn czaarse Majesteyt Petrus den ersten. *In's Gravenhague, van Duren*, 1717, 2 tomes en un vol. gr. in-fol. dérel.

Édition exécutée en capitales et à deux colonnes dont l'une est en hollan-

dais et l'autre en slavon; elle a été imprimée en deux fois, c'est-à-dire que le texte hollandais a été imprimé à la Haye par ordre du czar Pierre le Grand, et le texte slavon en Russie, avec des caractères plus petits que ceux du hollandais. La première partie est de 255 ff. et la seconde de 199 ff. Des raisons particulières ayant fait rigoureusement supprimer ce livre, il est devenu si rare que l'on n'en connaît plus que 3 exemplaires : un à la Bibliothèque nationale, un autre à la bibliothèque de Wolfenbuttel, et celui-ci que l'on connaissait à Moscou et que l'on avait cru détruit dans l'incendie de cette ville, arrivé en 1812. Plusieurs feuillets en ont été brûlés soit à moitié, soit en entier; en voici la liste : Les feuillets déchirés sont : pour le tome Ier, 9, 50, 51, 146, 147, 193, 194, 195, 196, 205 à 208; pour le tome II : 59, 101 et 104. Les pages manquantes sont pour le tome Ier : 1 à 4, 29 à 32, 52 à 56, 105 à 108, 121 à 129, 137 à 144, 149 à 153, 182 et 183, 213 à 216, 224 à 228 et 255. Pour le tome II : 18, 19, 21 à 24, 26 à 28, 41 à 44, 61 à 72, 102, 103, 125 à 128, 145 à 148, 165 à 168, 189 et 192. Malgré toutes ses imperfections, ce volume n'en est pas moins encore très-précieux.

5. Dictionnaire historique, critique, géographique et littéral de la Bible, enrichi de plus de trois cents figures en taille-douce, nouvelle édition, revue, corrigée et augmentée, par le R. P. Augustin Calmet. *Paris*, *Emery*, 1830, 4 vol. in-fol. fig. demi-rel. veau.

6. Discours historiques, critiques, théologiques et moraux, sur les événemens les plus mémorables du Vieux et du Nouveau Testament, par M. Jacques Saurin, avec des figures gravées sur les dessins de MM. Huet, Houbraken et Picart. *La Haye, chez P. de Houst*, 1728-39, 6 vol. in-fol. fig. veau éc.

7. Vie de Jésus, par Ernest Renan. *Paris, Michel Lévy*, 1863, in-8, demi-rel.

8. Physique sacrée, ou Histoire naturelle de la Bible, traduit du latin de M. J.-J. Scheuchzer, enrichie de figures en taille-douce gravées par Pfeffel. *Amsterdam*, *Pierre Mortier*, 1732-37, 8 vol. in-fol. fig. mar. rouge, dos orné, fil. tr. dor. (*Rel. anc.*)

9. Commentaire géographique sur l'Exode et les Nombres, par Léon de Laborde. *Paris*, *J. Renouard*, 1841, in-4, pl. demi-rel. veau.

10. Virgiliocentones Veteris et Novi Testamenti. *S. l. n. d.*, pet. in-4, goth. n. rel.

11. Oratio Dominica CL linguis versa et propriis cujusque linguæ characteribus plerumque expressa, edente J. J. Marcel. *Parisiis*, *Typis imperialibus*, 1805, in-4, cuir de Russie.

Très-bel exemplaire de la bonne édition.

12. S. Dionysii Areopagitæ martyris episcopi quæ quidem extant omnia quintuplici translatione versa et commentariis D. Dionysii a Rikel Carthusiani nunc iterum diligentissime editis elucidata, quibus accessit Michaelis Syngelis presbyter. *Coloniæ, J. Quentel*, 1556, in-fol. veau brun avec ornements à froid. (*Rel. du temps.*)

13. In hoc opere contenta : Theologia Damasceni, quatuor libris explicata, et adjecto ad litteram commentario elucidata. *Parisiis, Henricus Stephanus*, 1512, in-fol. — Pauli Cortesii protonotarii apostolici in quatuor libros sententiarum argutæ romanoque eloquio disputationes. *Venundantur in officina Ascensiana*, 1513, in-fol. — Opera Joannis Pici Mirandule comitis concordie : litterar. principis novissime accurate revisa, etc. (A la fin :) *Diligenter impressit industrius Johan. Priis, civis Argentinus, anno* 1504, in-fol. Ensemble 3 vol. en un, vélin.

14. Augustini Eugubini can. regul. S. Salvatoris, cosmopoeia, vel de Mundano opificio expositio trium capitum genesis in quibus de creatione tractat Moses. *Lugduni, apud Seb. Gryphium*, 1535, in-fol. vélin.

15. Speculũ exemplorũ omnibus christicolis salubriter ĩspiciendũ ut exemplis ducãt disciplinã. *S. l. n. d.* (A la fin :) *Finitũ est et completum hoc speculũ exemplor. in civitate Argentina anno Dñi* 1490, in-fol. goth. vélin, *avec ais en bois.*

Ouvrage recherché à cause des passages d'ouvrages encore inédits qu'il nous conserve. Piqûres de vers et notes mss. sur le titre.

16. J. Gerson. De Imitatione Christi. *S. l. n. d.* (1480), in-4, goth. cart.

17. Theologiæ mysticæ D. Henrici Harphii theologi eruditiss. ordinis Minorum, ac rerum divinarum contemplatoris eximii, libri tres. *Brixiæ*, 1601, in-4, vélin.

18. De la Triple Vie de l'Homme selon le mystère des trois principes de la manifestation divine, écrit d'après une élucidation divine, par J. Behme. *Paris, Migneret*, 1809, in-8, br.

19. De la Confession et du Célibat des prêtres, ou la Politique du pape, par Francisque Bouvet. *Paris*, 1845, in-8, veau fauve.

---

20. Saint Paul et Sénèque, recherches sur les rapports avec l'apôtre et sur l'infiltration du christianisme naissant à travers le paganisme, par Amédée Fleury. *Paris, Ladrange*, 1853, 2 vol. in-8, br.

21. Histoire de la papauté pendant le XIVe siècle avec des notes et des pièces justificatives par l'abbé Christophe. *Paris, L. Maison*, 1853, 3 vol. in-8, br.

22. Histoire de la papauté pendant les seizième et dix-septième siècles, par L. Ranke, traduite de l'allemand par J.-B. Haiber, publiée par de St-Chéron. *Paris, Sagnier et Bray*, 1848, 3 vol. in-8, br.

23. Histoire de Grégoire VII, précédée d'un discours sur l'histoire de la papauté jusqu'au IXe siècle, par M. Villemain. *Paris, Didier*, 1873, 2 vol. in-8, br.

24. Histoire des ordres monastiques, religieux et militaires, et des congrégations séculières de l'un et de l'autre sexe (par le P. Helyot, continuée par le P. Maximilien Bullot). *Paris*, 1714-19, 8 vol. in-4, fig. veau.

PREMIÈRE ÉDITION.

25. Le même, 1714-19, 8 vol. in-4, fig. veau.

PREMIÈRE ÉDITION.

26. Légende dorée, ou Sommaire de l'histoire des frères mendians de l'ordre de Dominique, etc. (par Nic. Vignier). *Leyden, pour Jean le Maire*, 1608, in-8, br. rogné.

Édition originale.

27. L'ALCORAN des Cordeliers, tant en latin qu'en françois : c'est-à-dire la mer des blasphèmes et mensonges de cette idole stigmatisée qu'on appelle saint François, etc. *A Genève, imprimé par Conrad Badius*, 1560, 2 tomes en un vol. in-8, mar. rouge, dos orné, fil. tr. dor. (*Rel. anc.*)

Superbe exemplaire de la première édition complète, c'est-à-dire avec le deuxième livre. Sur le titre se trouve la signature du CHEVALIER DE LA VIEUVILLE.

28. L'Alcoran des Cordeliers, tant en latin qu'en françois, c'est-à-dire recueil des plus notables bourdes et blasphèmes de ceux qui ont osé comparer saint François à Jésus-Christ, etc., nouvelle édition, ornée de figures dessinées par B. Picart. *Amsterdam*, 1734, 2 vol. in-12, front. et fig. veau fauve.

29. Histoire des inquisitions, où l'on rapporte l'origine et le progrès de ces tribunaux, leurs variations et la forme de leur juridiction. *Cologne, Pierre Marteau*, 1759, 2 vol. in-12, fig. veau marbr.

Édition donnée par l'abbé Gouget.

30. L'Inquisition dévoilée. Mystères, délations, tortures ; nouvelle édition, revue et corrigée, par J. Fellens, gra-

vures par J. David. *Paris, s. d.*, gr. in-8, fig. demi-rel. dos et coins de mar. violet.

31. Nouvelles Lettres édifiantes des missions de la Chine et des Indes orientales. *Paris,* 1818-23, 8 vol. in-12, demi-rel. veau.

32. Epistolæ de multarum gentium ad Christi fidem per societatem Jesu conversione, etc. *Louanii, apud Rutgerum Velpium,* 1570, 2 part. en un vol. in-12, vélin.

---

33. Mémoires pour servir à l'histoire des égaremens de l'esprit humain, par rapport à la religion chrétienne, ou Dictionnaire des hérésies, etc. (par Pluquet). *Besançon,* 1817, 2 vol. in-8, veau racine, tr. marbrée.

34. Histoire critique de Manichée et du manichéisme, par M. de Beausobre. *Amsterdam, J.-F. Bernard,* 1734, 2 vol. in-4, veau brun.

35. Monumens authentiques de la religion des Grecs et de la fausseté de plusieurs confessions de foi des chrétiens orientaux produites contre les théologiens reformez, dans leur fameux ouvrage de la perpétuité de la foi de l'Église catholique, le tout démontré par le P. Ayman. *A la Haye, chez Ch. Delo,* 1708, in-4, veau.

36. Essai sur la secte des illuminés. *Paris,* in-8, br.

37. Le Ciel réformé, essai de traduction de partie du livre italien : Spaccio della bestia trionfante. *S. l., l'an* 1750, in-12, veau marbré.

38. Histoire du luthéranisme, par le P. L. Maimbourg. *Suivant la copie impr. à Paris,* 1681, 2 tomes en un vol. in-12, front. veau.

Édition elzevirienne.

39. Les Réformateurs avant la Réforme, xve siècle : Jean Hus et le concile de Constance, par Em. de Bonnechose. *Paris, Cherbuliez,* 1845, 2 vol. in-8, br.

40. Conférence des édicts de pacification des troubles esmeus au royaume de France pour le faict de la religion, etc., par Mre P. de Beloy. *Paris, P. L'Huillier,* 1600, in-8, cart.

Piqûres de vers, exemplaire grand de marges.

41. HISTOIRE ABRÉGÉE des martirs françois du temps de la réformation avec les réflexions et raisons nécessaires pour montrer pourquoi et en quoi les persécutés de ce temps

doivent imiter leur exemple. *Amsterdam, A. Hoogenhuye*, 1684, in-12, front. gravé, *broché*.

Superbe exemplaire de ce livre rare.

42. Histoire des idées religieuses en Allemagne depuis le milieu du XVIIIe siècle jusqu'à nos jours, par Lichtenberger. *Paris, Sandoz et Fischbacher*, 1873, 3 vol. in-8, br.

43. LUTHER. Recueil de pièces allemandes. 7 pièces gothiques en 1 vol. maroquin r.

1° Ein Tragedia oder Spill : gehalten in dem Künigklichen sal zu Pariz, 1524, 4 feuillets, fig. sur bois.

2° Die Handlung der Univers. Leuen wider Doctor Martinus Luther. *S. l. n. d.*, 5 feuillets.

3° Der.... Psalm.... durch D. Martinus Luther, 14 feuillets dont un blanc, portrait de Luther.

4° An Kurfursten zu Sachsen und Landgraven zu Hessen. D. Mart. Luther von dem gefengenen D. zu Brunswig. *Wittenberg*, 1545, 20 feuillets.

5° Welcher gestalt wir Gurg von Gottes gnade Hertzog zu Sachssen Landtgraff in Burigen... von Mart. Luther. 1528.

6° Wider die Mordischen und Reubischen Rotten der Pawren... Martinus Luther. *Wittenberg, s. d.*, 4 ff.

7° Die Gantzhandlung so mit dem hochgelerten Dr Mart. Luther. *S. d.*, 4 feuillets.

44. Histoire de la vie, des ouvrages et des doctrines de Calvin, par M. Audin. *Paris, Maison*, 1841, 2 vol. in-8, portr. br.

---

45. Nouvelle Galerie mythologique, comprenant la galerie mythologique de feu A.-L. Millin, revue et complétée, formée de près de 300 planches gravées au trait, avec leur explication, par Guigniaut. *Paris, Didot*, 1850, 2 vol. in-8, pl. br.

46. Lettres à Émilie sur la mythologie, par C.-A. Demoustier. *Paris, Ant.-Aug. Renouard*, 1803, 6 tomes en 3 vol. in-12, portr. et fig. de Monnet, veau éc.

47. Religions de la Grèce, ou Recherches sur l'origine, les attributs et le culte des principales divinités helléniques, par Rolle. *Châtillon-sur-Seine*, 1828, in-8, br.

Tome premier, le seul qui ait paru.

48. Cérémonies et coutumes religieuses de tous les peuples du monde représentées par des figures dessinées de la main de Bernard Picart avec une explication historique et quelques dissertations curieuses. *Amsterdam, J.-F. Bernard*, 1739, 10 tomes en 11 vol. in-fol. fig. veau rac.

JURISPRUDENCE

49. Hugonis Grotii de Jure belli ac pacis libri tres. *Amstelædami,* 1720, in-8, front. et portr. veau.

50. Dictionnaire de la pénalité dans toutes les parties du monde connu ; tableau historique, chronologique et descriptif des supplices, tortures, etc., par M. B. Saint-Edme, orné de 48 gravures. *Paris,* 1824, 5 vol. in-8, fig. demi-rel. mar. vert.

51. Procès du très-meschant et détestable parricide Fr. Ravaillac, publié pour la première fois, par P. D. *Paris, Aubry,* 1858, in-12, portr. br.

52. Factum pour les religieuses de Sainte-Catherine-lès-Provins contre les Cordeliers. *S. l.,* 1668, in-4, dérel.

Un nom qui se trouvait au bas du titre a été coupé.

53. Souvenirs de M. Berryer, doyen des avocats de Paris, de 1774 à 1838. *Paris, Ambr. Dupont,* 1839, 2 vol. in-8, br.

54. Incipiunt constitutiones Clem. pape V, una cum apparatu dñi Jo. Andrec. *S. l. n. d.* (A la fin:) *Anno salutis nostre LXXVI post MCCCC. VI nonas maij,* in-fol. goth. de 77 ff. dont le premier et le dernier sont blancs, peau de truie, *avec ais en bois.*

Nombreuses piqûres de vers. Le bas des feuillets a été rongé sans atteindre au texte.

SCIENCES

ET

ARTS APPLIQUÉS A L'INDUSTRIE.

---

55. Paradoxes sur l'incertitude, vanité et abus des sciences, traduits en françois du latin de Henry-Corn. Agrippa. *S. l.*, 1605, in-12, veau.

Très-jolie édition, très-rare.

56. Manuel de l'histoire de la philosophie, traduit de l'allemand de Tennemann, par V. Cousin; seconde édition. *Paris, Ladrange*, 1839, 2 vol. in-8, demi-rel. veau fauve, tr. marbrée. (*Niedrée.*)

57. Histoire de la philosophie, par le Dr H. Ritter, traduite de l'allemand par J. Tissot. *Paris, Ladrange*, 1835-37, 4 vol. in-8, br.

58. Histoire de la philosophie moderne, par le Dr H. Soitter, traduction française précédée d'une introduction par Challemel-Lacour. *Paris, Ladrange*, 1861, 3 vol. in-8, br.

59. Philosophie ancienne, par M. Naigeon. *Paris*, 1791, 3 vol. in-4, veau.

60. Aristot. stagyrite ethicorum lib. X cum Aver. Corduben. commentariis. Item et ejusdem Aristot. politicorum Economicorum lib II, Leonardo Aretino interprete, etc. *Venundantur Lugduni, S. de Fabiano, s. d.* (1530) 2 part. en un vol. in-8, goth., demi-rel. veau.

61. Œuvres de Platon, traduites par Victor Cousin. *Paris, Bossange*, 1822-40, 13 vol. in-8, br.

Superbe exemplaire, très-rare.

62. Vie d'Appollonius de Tyane, avec les commentaires donnés en anglois par Ch. Blount sur les deux premiers livres de cet ouvrage, le tout traduit en françois. *Berlin, Decker*, 1774, 4 vol. in-12, portr. br. rognés.

63. Les Œuvres morales et meslées de Plutarque translatées de grec en françois, revuës et corrigées en cette troisième édition. *Paris, par Mich. Vascosan*, 1575, 2 vol. in-fol. veau.

64. Réflexions morales de l'empereur Marc-Antonin, traduites par Dacier, édition ornée de figures dessinées par Moreau le jeune. *Paris, Saugrain, an IX*, 1800, gr. in-4, fig. demi-rel.

65. Les Ennéades de Plotin, chef de l'école néoplatonicienne, traduites pour la première fois en français et précédées de la vie de Plotin, par M. N. Bouillet. *Paris, Hachette*, 1857-61, 3 vol. in-8, br.

66. Incipit Lucii Annei Senecæ Cordubensis liber de moribus in quo notabiliter et eleganter vitæ mores enarrat. *S. l. n. d.* (A la fin :) *Impressum Tarnisii per Bernardum de Colonia, anno Domini* 1478, in-fol. goth. de 212 ff. non chiffr. sign. a 2 — bb 4 plus un f. blanc au commencement et un autre à la fin, veau, *avec ais en bois.*

Quelques piqûres de vers.

67. Les Moralistes sous l'empire romain, philosophes et poètes, par C. Martha. *Paris, Hachette*, 1865, in-8, br.

68. Boetius de Consolatione philosophiæ cum comment. S. Thomæ. *Norimb., Ant. Coburger*, 1476, *pridie idus Novembris,* in-fol. goth. de 138 ff. sans chiffr. recl. ni sign. et dont les 6e et 40e sont blancs, demi-rel.

69. Mensa philosophica. *Parisiis, Johān. Petit, s. d.* (A la fin :) *Parisiis impressus anno ab orbe redempto quingentesimo supra millesimum pridie idus apriles*, pet. in-8, goth. cart.

70. Philippi Melanchthonis philosophiæ moralis epitomes libri duo emendati, aucti, eodem Philip. Melanchth. autore. *Argentorati, apud Cratonum Mylium*, 1546, pet. in-8, bas.

71. De la Sagesse, trois livres, par Pierre Charron, nouvelle édition publiée par Amaury Duval. *Paris, Rapilly*, 1827, 3 vol. in-8, br.

72. Œuvres complètes de Malebranche, ouvrage publié par MM. Genoude et Lourdoueix. *Paris, Sapia*, 1837, 2 tomes en un vol. in-4, demi-rel. veau.

73. Œuvres de Vauvenargues, édition nouvelle précédée de l'éloge de Vauvenargues et accompagnée de notes et commentaires par Gilbert. *Paris, Furne*, 1857, 2 vol. in-8, portr. br.

74. Œuvres philosophiques (par La Mettrie). *Londres*

(*Berlin*), 1751, in-4, mar. vert, dos orné, fil. tr. dor. (*Rel. anc.*)

Grand papier.

75. Œuvres complètes d'Helvétius. *Paris, impr. de P. Didot*, 1795, 14 vol. in-12, veau racine.

Papier vélin.

76. Maximes et Réflexions politiques, morales et religieuses d'un administrateur couronné qualifié du titre de philosophe bienfaisant, extraites des mémoires de Stanislas Leckzinski, *Parme*, 1822, in-8, demi-rel.

77. Épanchemens de l'âme, ou Essai de philosophie morale, par Joseph de La Serre, avec des planches dessinées et gravées de la main de l'auteur. *Paris, impr. Didot*, 1797, in-8, fig. veau brun.

Ouvrage orné de quatre gravures.

78. Principes philosophiques, politiques et moraux, par le colonel de Weiss. *Paris, Paschoud*, 1819, 2 vol. in-8, veau rac.

79. Aphorismes, ou Pensées philosophiques, critiques et morales, par J. W(eiss). *Saint-Pétersbourg*, 1820, in-8, demi-rel. cuir de Russie.

80. Leçons de philosophie de M. Laromiguière jugées par M. Victor Cousin et M. Maine de Biran. *Paris, Johanneau*, 1829, in-8, cart.

81. Leçons de philosophie sur les principes de l'intelligence ou sur les causes et sur les origines des idées, par M. Laromiguière. *Paris, Brunot-Labbe*, 1833, 2 vol. in-8, br.

82. Philosophie du christianisme, correspondance religieuse de L. Bautain, publiée par l'abbé H. de Bonnechose. *Paris*, *Derivaux*, 1835, 2 vol. in-8, demi-rel. mar. vert.

83. Essais de philosophie, par Charles de Rémusat. *Paris, Ladrange*, 1842, 2 vol. in-8, br.

84. Histoire de la philosophie cartésienne, par Francisque Bouillier. *Paris, Durand*, 1854, 2 vol. in-8, br.

85. Du Vrai, du Beau et du Bien, par Victor Cousin. *Paris, Didier*, 1867, in-8, portr. br.

86. Essai sur la philosophie des sciences, ou Exposition analytique d'une classification naturelle de toutes les connaissances humaines, par A.-M. Ampère. *Paris*, *Mallet-Bachelier*, 1856, 2 vol. in-8, br.

87. Pensées et Réflexions morales et politiques du comte de Ficquelmont, précédées d'une notice sur sa vie par le baron de Barante. *Paris, Didier*, 1859, in-8, br.

88. Essais de morale et de critique, par Ern. Renan. *Paris, Michel Lévy*, 1859, in-8, br.

89. Questions contemporaines, par Ernest Renan. *Paris, Michel Lévy*, 1868, in-8, br.

90. Idées sur la philosophie de l'histoire de l'humanité, par Herder, ouvrage traduit de l'allemand et précédé d'une introduction par Edgar Quinet. *Paris, Berger-Levrault*, 1834, 3 vol. in-8, br.

91. Frédéric II philosophe, par G. Rigollot. *Paris, Ern. Thorin*, 1875, gr. in-8, br.

92. Traité philosophique des Loix naturelles, par le Dr R. Cumberland, traduit du latin par M. Barbeyrac. *Amsterdam, P. Mortier*, 1744, in-4, front. veau.

93. Œuvres de M. Hume, traduites de l'anglois, seconde édition. *Amsterdam, J.-H. Schneider*, 1764, 4 tomes en 3 vol. in-12, mar. rouge, tr. dor. (*Rel. anc.*)

94. Œuvres philosophiques de M. D. Hume, traduites de l'anglois, nouvelle édition. *Londres*, 1788, 7 vol. in-12, veau marbré.

---

95. Les Six Livres de la République de J. Bodin, Angevin. *Paris, Jacques du Puys*, 1577, in-fol. veau.

Superbe exemplaire, mouillures.

96. Du Gouvernement civil où l'on traitte de l'origine, des fondemens, de la nature, du pouvoir et des fins des sociétés politiques, traduit de l'anglois. *Amsterdam, Abr. Wolfgang*, 1691, in-12, veau.

97. Annales politiques de feu M. Ch.-Irénée Castel, abbé de Saint-Pierre. *Londres*, 1758, 2 vol. in-12, veau.

98. Institutions politiques, par M. le baron de Bielfeld. *La Haye, P. Grosse*, 1760, 2 vol. in-4, portr. et pl. veau marbré.

99. Constitution de l'Angleterre. *Amsterdam*, 1771, in-8, mar. rouge, dos orné, fil. tr. dor. (*Aux armes.*)

100. Études diplomatiques et littéraires, par M. Al. de Saint-Priest. *Paris, Amyot, s. d.*, 2 vol. in-8, br.

101. Le Guide diplomatique, précis des droits et des fonc-

tions des agents diplomatiques et consulaires, etc., par le B^on Ch. de Martens. *Paris*, *Gavelot*, 1851, 2 vol. in-8, br.

102. Œuvres de M. Victor Cousin, cinquième série : Instruction publique. *Paris*, *Pagnerre*, 1850, 2 vol. in-12, br.

103. Histoire de l'instruction publique en Europe et principalement en France depuis le christianisme jusqu'à nos jours, par Vallet de Viriville, illustrations archéologiques exécutées sous la direction de F. Seré. *Paris*, 1849, in-4, front. fig. et pl. br.

Ouvrage orné d'un grand nombre de figures et de chromolithographies.

104. Traité sur le Commerce de la mer Noire, par M. de Peyssonnel. *Paris*, *Cuchet*, 1787, 2 vol. in-8, demi-rel.

---

105. Histoire de la franc-maçonnerie depuis son origine jusqu'à nos jours, par J.-G. Findel, traduit de l'allemand par E. Tandel. *Paris*, *Lacroix*, 1866, 2 vol. in-8, br.

106. Les plus Secrets Mystères des hauts grades de la maçonnerie dévoilés, ou le Vrai Rose-croix, traduit de l'anglais; suivi du Noachite, avec figures. *A Jérusalem*, 1768, in-12, fig. veau.

107. Thuileur des trente-trois degrés de l'écossisme du rit ancien, dit accepté, avec vingt et une planches. *Paris*, *Delaunay*, 1821, in-8, front. fig. veau.

108. L'Adepte moderne, ou le Vrai Secret des francs-maçons, histoire intéressante. *Londres*, *s. d.* in-12, br. rogné.

---

109. Simonis Starovolsci Institutorum rei militaris libri VIII. *Cracoviæ*, *Christ. Schedelius*, 1640, in-fol. — Simonis Starovolsci Laudatio almæ Academiæ Cracoviensis. *Cracoviæ*, *Christ. Schedelius*, 1639, in-fol. En un vol. in-fol. vélin.

110. Lecture sur les fusées de guerre faites en 1860 par le général-major Konstantinoff. *Paris*, 1861, gr. in-8, fig. br.

---

111. De la Contagion, de sa nature, de ses effets, de ses progrès et des moyens les plus sûrs pour la prévenir et pour y remédier, par M. Clerc. *St-Pétersbourg*, 1771, in-8, demi-rel.

112. Nicolai Leoniceni de Epidemiâ quam Itali *Morbum Gallicum* vocant. (*Ad finem :*) *Venetiis, in domo Aldi Manutii* MIIID (1497), in-4° 28 feuillets, demi-rel.

Très-rare. Le 29e feuillet, contenant l'erratum, manque. Le haut des feuillets est taché.

113. L'Art de connaître les hommes par la physionomie, par Gaspard Lavater, nouvelle édition, corrigée et disposée dans un ordre plus méthodique, etc., ornée de 500 gravures exécutées sous l'inspection de M. Vincent. *Paris*, 1806-1809, 10 vol. gr. in-8, portr. et fig. demi-rel. veau, n. r.

Superbe exemplaire de la plus jolie édition de cet ouvrage.

114. De la Phrénologie, du Magnétisme et de la Folie, par Azaïs, ouvrage dédié à la mémoire de Broussais. *Paris*, *Desessart*, 1839, 2 vol. in-8, br.

115. Les Œuvres de M. Jean Belot, curé de Milmonts, contenant la chiromancie, physionomie, l'art de memoyre de Raymond Lulle, etc. *Rouen*, *Cailloué*, 1640, in-12. fig. demi-rel.

116. La Grande Chiromancie naturelle, ou l'Art parfait de se connoître soi-même, enrichie de plus de deux mille figures pour en faciliter l'intelligence. *Paris*, *Clousier*, 1677, in-4, fig. veau.

117. De la Démonomanie des sorciers, par J. Bodin, Angevin. *Paris*, *Jacques Du Puys*, 1581, in-4, veau.

---

118. Les Arts somptuaires, histoire du costume et de l'ameublement et des arts et industries qui s'y rattachent, etc., par Ch. Louandre. *Paris*, *Hangard-Mauger*, 1858, 4 vol. in-4, fig. br.

Ouvrage orné de 324 planches tirées en or et en couleur.

119. Le Moyen Age et la Renaissance, histoire et description des mœurs et usages, du commerce et de l'industrie, etc., en Europe, par P. Lacroix et F. Seré. *Paris*, 1848-51, 5 tomes en 9 vol. in-4, pl. demi-rel.

Bel exemplaire avec la liste des souscripteurs imprimée en or.

120. Essais sur la calligraphie des manuscrits du moyen âge et sur les ornements des premiers livres d'heures imprimés, par E.-H. Langlois, *Rouen*, 1841, in-8, fig. et pl. br.

121. Histoire de la céramique en planches phototypiques inaltérables, avec texte explicatif par Auguste Demmin. *Paris*, *Renouard*, 1875, 2 tomes en 125 livraisons, in-fol, pl. br.

Tiré à 100 exemplaires.

BEAUX-ARTS

122. Gazette des beaux-arts, courrier européen de l'art et de la curiosité. *Paris*, 1859-1877, 37 vol. grand in-8, demi-rel. dos et coins de mar. rouge, et br.

Les 14 premiers volumes sont reliés, les autres sont brochés ou en livraisons; les 2 volumes de tables pour la première série s'y trouvent; les années 1872-73 et 74 manquent.

123. Dictionnaire des beaux-arts, par A.-L. Millin. *Paris, Desray*, 1806, 3 vol. in-8, bas.

124. Dictionnaire des beaux-arts, par A.-L. Millin. *Paris, Barba*, 1838, 6 vol. in-8, br.

125. Recherches sur l'origine, l'esprit et le progrès des arts de la Grèce, sur leurs connexions avec les arts et la religion des plus anciens peuples connus, etc. (par Pierre-Fr. Hugues, dit d'Hancarville). *Londres, Appleyard*, 1785, 3 vol. gr. in-4, pl. veau rac.

126. Histoire de l'art par les monuments, depuis sa décadence au IVe siècle jusqu'à son renouvellement au XVIe, par J.-B.-L.-G. Seroux d'Agincourt, ouvrage enrichi de 325 planches. *Paris, Treuttel et Würtz*, 1823, 6 vol. gr. in-fol. pl. demi-rel.

127. La Renaissance des arts à la cour de France, études sur le XVIe siècle, par le Cte de Laborde. Tome 1er et et additions au tome 1er. *Paris, librairie de L. Potier*, 1850-55, 2 vol. in-8, br.

Tiré à 134 exemplaires, et très-rare.

128. Académie des sciences et des arts, contenant les vies et les éloges historiques des hommes illustres, par Isaac Bullart. *Amsterdam, chez les héritiers de Dan. Elzevier*, 1682, 2 vol. in-fol. portr. veau.

Premier tirage des portraits. Livre recherché à cause des portraits qu'il renferme. Sur le titre des deux volumes, se trouve la signature du chevalier Gougnon d'Argenson.

129. Dictionnaire biographique des artistes français du XIIe au XVIIe siècle, suivi d'une table chronologique, par A. Bérard. *Paris, Dumoulin*, 1872, in-8, br.

130. L'Art du XVIIIe siècle, par Edm. et J. de Goncourt. Notules et additions. *Paris, Dentu*, 1875, in-4, fig. br.

131. L'Art et la Vie, de Stendhal. *Paris, G. Baillière,* 1868, in-8, br.

132. Le même, in-8, br.

133. Causeries d'un curieux, variétés d'histoire et d'art tirées d'un cabinet d'autographes et de dessins, par Feuillet de Conches. *Paris, Plon,* 1862-68, 4 vol. in-8, fac-simile, br.

134. Catalogue des estampes, vases de poterie étrusques, figures, bas-reliefs, bronzes, ouvrages en marqueterie du célèbre Boule père, etc., du cabinet de feu M. Crozat, par M. Remy. *A Paris, Muzier,* 1772, in-12, cart.

Avec les prix d'adjudication manuscrits.

135. Le più insigni Parmensi indicate agli amatori delle belle arti. *Parma, dalla tipografia Bodoniana,* 1809, in-4, pl. demi-rel. dos et coins de vélin.

136. Essai de bibliographie des beaux-arts, par Georges Duplessis. *Paris, Rapilly,* 1866, in-8, br.

---

137. Abrégé de la vie des plus fameux peintres avec leurs portraits gravés en taille-douce, etc., par M*** (Dezallier d'Argenville). *Paris, de Bure,* 1745, 3 vol. in-4, portr. veau marbré.

138. Dictionnaire historique des peintres de toutes les écoles, depuis les temps les plus reculés jusqu'à nos jours, par Ad. Siret. *Bruxelles,* 1848, in-4, demi-rel. mar. brun.

139. Essais sur la peinture, par Diderot. *Paris, Fr. Buisson an IV,* in-8, demi-rel.

140. Galerie complète des peintres les plus célèbres de toutes les époques, ou Recueil des plus belles compositions, gravées au trait d'après Raphaël, Michel-Ange, le Corrège, le Poussin, le Dominiquin, Le Sueur, etc. *Paris, Didot,* 1845, in-4, en liv.

De cet ouvrage, nous n'avons que les peintres suivants : Raphaël; Le Corrège ; Le Poussin; Le Sueur ; Le Dominiquin ; L'Albane ; Léonard de Vinci; Le Titien; Le Guide et Paul Véronèse.

141. Recueil d'estampes gravées d'après les tableaux du cabinet du duc de Choiseul par les soins du Sr Basan. *Paris, chés l'auteur, s. d.,* in-4, pl. veau éc. tr. dor.

Superbe exemplaire.

142. Tableaux du cabinet de M. Poullain, mis au jour par F. Basan. *Paris, s. d.,* in-4, pl. cart. n. r.

Réimpression.

143. GALERIE DU PALAIS-ROYAL, gravée d'après les tableaux des différentes écoles qui la composent, par J. Couché. *Paris, J. Couché et J. Bouillard*, 1786-1808, 3 vol. gr. in-fol. titre gravé, fig. demi-rel. *non rogné*.

Superbe exemplaire du premier tirage, les figures sont très-belles d'épreuves.

144. GALERIE DES PEINTRES FLAMANDS, HOLLANDAIS ET ALLEMANDS; ouvrage enrichi de deux cent une planches, avec un texte explicatif, par M. Le Brun. *Paris, chez l'auteur*, 1792, 2 vol. in-fol. front. et pl. demi-rel. mar. brun.

Superbe exemplaire.

145. GALERIE DU MUSÉE DE FRANCE, publiée par Filhol, graveur, et rédigée par Lavallée. *Paris, Filhol*, 1814, 11 vol. gr. in-8, portr. et fig. demi-rel. mar. rouge, non rogné.

Superbe exemplaire, la reliure du 11e volume est différente.

146. LE MUSÉE FRANÇAIS; recueil complet des tableaux, statues et bas-reliefs qui composent la collection nationale; avec l'explication des sujets, et des discours historiques sur la peinture, la sculpture et la gravure, par S.-C. Croze-Magnan (Visconti et Emeric David), publié par Robillard-Péronville et Laurent. *Paris, impr. L.-E. Herhan, an* XI, 1803-1811, 4 tomes en 5 vol. gr. in-fol. pl. cart. *non rogné*.

Superbe recueil, composé de 344 planches, reproduisant les plus beaux tableaux, statues, etc., qui se trouvaient au Louvre avant 1815.

147. LE MUSÉE ROYAL, publié par Henri Laurent (avec des descriptions, par MM. Visconti, Guizot et le comte de Clarac). *Paris*, 1816-22, 2 vol. in-fol. pl. en livr.

Cette collection, qui renferme 161 gravures, fait suite au *Musée français*. On y compte plusieurs morceaux supérieurs d'Audoin, de Richomme, de Massard, de Girardet, de Forster et autres graveurs français ou étrangers.

148. Galerie lithographiée de son Altesse Monseigneur le duc d'Orléans, publié par J. Vatout et J.-P. Quenot. *Paris, s. d.*, 2 vol. in-fol. pl. veau.

149. Galeries historiques de Versailles. Histoire de France, servant de texte explicatif aux tableaux des galeries de Versailles. *Paris, Gavard*, 1838-41, 4 vol. in-4, demi-rel. mar. violet.

150. TABLEAUX, STATUES, bas-reliefs et camées de la GALERIE DE FLORENCE et du palais Pitti, dessinées par Wicar et gravées sous la direction de E.-L. Masquelier avec les ex-

plications par Mongez. *Paris, Lacombe*, 1789-1814, 4 vol. gr. in-fol. pl., demi-rel.

151. Galerie du palais Pitti, gravée sur cuivre par les meilleurs artistes italiens et illustrée par une société de gens de lettres, par Louis Bardi. *Florence, L. Bardi*, 1842-45, 4 vol. in-fol. port. et fig. demi-rel.

152. Galerie impériale-royale au Belvédère a Vienne, d'après les dessins de M. Sigismond de Pergn, gravés par différents artistes, avec un texte explicatif, publié par Ch. Haas. *Vienne et Prague*, 1821-30, 4 vol. in-4, pl. demi-rel. dos et coins tête dor. éb.

153. Recueil d'estampes d'après les plus célèbres tableaux de la galerie royale de Dresde, avec une description de chaque tableau en françois et en italien. *Imprimé à Dresde*, 1753-57, 3 vol. gr. in-fol. front. et pl. cart. et br.

Superbe exemplaire de ce recueil précieux, dans lequel se trouve le portrait en pied d'Auguste III, roi de Pologne, gravé par J.-J. Balechou, d'après Hyacinthe Rigaud.

154. Königlich-Baierischer Gemalde Saal zu München und Schleissheim, eine Sammlung ausgezeichneter Gemälde der Pinacothekin München, lithographirt von Strixner, Selb und Flachenekkir. *München*, 1817-36, 2 vol. gr. in-fol. de pl. demi-rel. dos et coins de mar. rouge, tr. dor.

Superbe exemplaire dont toutes les figures sont tirées sur chine.

155. La Galerie électorale de Dusseldorff, ou Catalogue raisonné et figuré de ses tableaux, ouvrage composé dans un goût nouveau par Nic. de Pigache. *Basle, Chr. de Meschel*, 1778, 2 tomes en un vol. in-fol. obl. front. et fig. veau.

Le premier volume contient les 365 sujets qui composent cette galerie, le second contient l'explication de ces sujets.

156. Recueil d'estampes gravées d'après les tableaux de la galerie et du cabinet de S. E. M. le comte de Bruhl. 1re partie contenant cinquante pièces. *Dresde, G.-C. Walsher*, 1754, in-fol. pl. demi-rel.

Il n'a paru que la première partie de ce recueil que l'on dit avoir été tiré à 200 exemplaires seulement.

157. Coleccion lithographic de cuadros del rey de España el señor Don Fernando VII, lithographiada por hábiles artistas bajo la direccion de D. José de Madrazo. *Madrid*, 1826, 3 vol. in-fol. pl. demi-rel. dos et coins de mar. rouge, tête dor. éb.

Exemplaire dont toutes les planches sont tirées sur chine.

158. Études sur les Loges de Raphaël, par le baron de Reiffenberg, d'après les aquarelles et les gravures de J.-C. Meulemeester, publié par A. Lacrosse. *Bruxelles*, *Lacrosse*, 1845, in-4, et atlas gr. in-fol. de pl. br.

159. Pitture a fresco del Campo Santo di Pisa intagliate da Carlo Lasinio. *Firenze*, *Molini*, 1828, in-fol. pl. demi-rel.

Superbe recueil, composé de 41 planches.

160. Pitture a fresco del Campo Santo di Pisa disegnate da Giuseppe Rossi et incise dal prof. Cav. G.-P. Lasinio Figlio. *Firenze*, 1832, in-fol. pl. cart.

Ouvrage orné de 45 planches.

161. Dichiarazione dei disegni del reale palazzo di Casert (da Luigi Vantelli). *Napoli*, *nella reg. Stampa*, 1756, in-fol. avec 14 pl. cart. n. r.

162. Œuvre de Jean Holbein, ou recueil de gravures d'après ses plus beaux ouvrages, accompagné d'explications historiques et critiques et de la vie de ce fameux peintre par Chrétien de Meschel. *Basle*, 1780, 4 part. en un vol. in-fol. pl. demi-rel. chag. bleu.

163. Essai historique, philosophique et pittoresque sur les danses des morts, par E.-H. Langlois, accompagné de 54 planches et de nombreuses vignettes. *Rouen*, *Lebrument*, 1852, 2 vol. in-8, fig. br.

164. Étude sur le triptyque d'Albert Dürer, dit le tableau d'autel de Hellier, par Ch. Ephrussi, avec 25 figures tirées hors texte. *Paris*, *D. Jouaust*, 1876, in-4, fig. br.

165. La Danse des morts, pour servir de miroir à la nature humaine, avec le costume dessiné à la moderne et des vers à chaque figure. *Au Locle*, *S. Girardet*, in-8, titre gr. fig. cart.

166. La Grande Passion, par Albert Dürer, en douze gravures sur bois. *Nuremberg*, anno 1511. Reproduction par le procédé P.-W. Van Weijer, avec une introduction par Georges Duplessis. *Utrecht*, *s. d.*, gr. in-fol. pl. br.

167. Die Sammlung alt-nieder-und oberdeutscher Gemälde der Brüder S. M. Boisserée und Bertram, lithographirt von J.-N. Strixner. *Stuttgard und München*, 1821-36, gr. in-fol. 120 pl. dont 3 de contours, demi-rel. dos et coins de mar. vert, tête dor, éb.

La collection de peintures d'après laquelle ce magnifique recueil est publié, et qui fait partie de la galerie de Munich, se compose de 320 morceaux; l'ouvrage que nous annonçons ne présente qu'un choix des objets les plus nécessaires pour former une histoire de la peinture allemande et flamande par les monuments mêmes. Toutes les planches sont rehaussées d'un très-joli coloris.

168. Histoire politique de Pierre-Paul Rubens, par M. Gachard. *Bruxelles*, 1877, in-8, br.

169. LA GALLERIE DU PALAIS DU LUXEMBOURG, peinte par Rubens, dessinée par les sieurs Nattier, et gravée par les plus illustres graveurs du temps. *Paris, Duchange*, 1710, in fol. front. portr. et pl. mar. rouge, dos orne, dent. et milieux dor. (*Rel. anc.*)

Ce recueil, composé de 27 planches y compris les deux frontispices et l'explication gravée et trois portraits, est fort bien exécuté et représente les principaux faits de la vie de Marie de Médicis. Superbe exemplaire avant les chiffres sur les estampes.

170. LIBER VERITATIS, or a collection of prints after the original designs of Claude le Lorrain : in the collection of His Grace the Duke of Devonshire executed by Richard Earlom. *London, Boydell and C°*, s. d., 3 vol. gr. in-fol. portr. et fig. demi-rel. mar. rouge.

171. Le Grand Escalier de Versailles, dit Escalier des ambassadeurs, peint par Ch. Lebrun, gravé par L. Surugue et A. Loyer. *Paris*, 1725, gr. in-8, fol. cart.

Le titre ainsi que les six dernières planches manquent à cet exemplaire.

172. Le Pausanias, français, ou Description du Salon de 1806 ; état des arts du dessin en France, à l'ouverture du XIXe siècle, publié par un observateur impartial, seconde édition. *Paris*, 1808, in-8, fig. demi-rel. veau fort.

173. Gavarni, étude par Georges Duplessis ornée de quatorze dessins inédits. *Paris, Rapilly*, 1876, in-8, fig. br.

---

174. Architecture, ou Art de bien bâtir, de Marc Vitruve Pollion, mis de latin en françoys par Jean Martin, pour le roy très-chrestien Henry II. *Paris, impr. Hiérosme de Marnef*, 1572, in-fol. pl demi-rel.

Très-bonne édition que l'on recherche à cause des gravures sur bois exécutées par Jean Goujon, et pour la dissertation sur l'architecture par le même artiste.

175. Dieci libri dell' Architettura di M. Vitruvio, tradotti et commentati da Monsig. Dan. Barbaro. *Venetia, Al. Vecchi*, 1629, in-4, pl. demi-rel. vélin.

176. Les Ruines des plus beaux monuments de la Grèce. (*Paris, Gurin*, 1758), 2 tomes en un in-fol. pl. veau.

176 *bis*. Le même, *Paris, Musier*, 1770, 2 tomes en un vol. in-fol. pl. cuir de Russie.

177. Les Édifices antiques de Rome, dessinés et mesurés très-exactement, par Antoine Desgodetz. *Paris, J.-B. Coignard*, 1582, in-fol. titre gravé, et pl. veau.

Premier ouvrage exact qui ait paru sur les anciens monuments de Rome. Premier tirage des planches.

177 *bis*. Le même, *Paris, Jombert*, 1779, gr. in-fol. pl. veau éc. tr. dor.

Seconde édition.

178. Romanæ magnitudinis monumenta quæ illam urbem velut redivivam exhibent, a Dom. de Rubeis. *Romæ*, 1699, in-fol. obl. fig. veau.

Recueil de 138 planches.

179. Vedute degli antichi vestigi di Roma di Al. Giovanni, divise in due parti. *In Roma, s. d.*, 2 part. en un vol. in-4, obl. fig. demi-rel. vélin.

180. Les Restes de l'ancienne Rome, recherchez avec soin, mesurez, dessinez sur les lieux et gravez par feu Bonaventure d'Overbeke sous les pontificats d'Innocent XI, d'Alexandre VIII et d'Innocent XII. *Imprimé aux dépens de Michel d'Overbeke. Amsterdam, s. d.* (1709), 3 part. en 1 vol. gr. in-fol. pl. veau marbré.

181. Les Ruines de Pæstum ou Posidonia, ancienne ville de la Grande-Grèce, à vingt-deux lieues de Naples, dans le golfe de Salerne, levées, mesurées et dessinées sur les lieux, par C.-M. Delagardette. *Paris, H. Barbou, an VII*, in-fol. pl. cart. nor.

182. The Baths of Romans explained and illustrated with the restorations of Palladio corrected and improved, and a dissertation upon the state of the arts during the different periods of the roman empire, by Charles Cameron. *London*, 1772, in-fol. front. et pl. veau.

Ouvrage orné de 75 planches.

183. Choix des plus célèbres maisons de plaisance de Rome et de ses environs, mesurées et dessinées par Ch. Percier et P.-F.-L. Fontaine. *Paris, imp. Didot*, 1809-13, gr. in-fol. avec 65 pl. demi-rel. mar. vert.

Très-bel ouvrage.

184. Palais, Maisons et autres Édifices modernes, dessinés à Rome, publiés à Paris, par Ch. Percier et P.-F.-L. Fon-

taine, en 1798, nouvelle édition. *Paris, les auteurs* (*imp. J. Didot*), 1830, in-fol. fig. cart. n. r.

Ouvrage orné de 100 gravures.

185. Vues des ruines de Pompéi, d'après l'ouvrage publié à Londres en 1819. *Paris, impr. Didot*, 1827, in-fol. front. fig. et vign. demi-rel.

186. Il Tempio Vaticano e sua origine, opera tradotta in lingua latina da Giov. Gius. Bonnerue de S. Romain (lat. et ital.). *Roma*, 1694, in-fol. pl. veau.

Ouvrage orné de 79 belles planches.

187. Memorie istoriche della gran cupola del tempio Vaticano, e danni e de ristoramanti loro, divise in libri cinque. *Padova*, 1748, gr. in-fol. pl. veau.

Cet ouvrage, orné de 27 pl., est de J. Poleni.

188. Architecture toscane, ou Palais, Maisons et autres édifices de la Toscane, mesurés et dessinés par A. Grandjean, de Montigny, et A. Famin, nouvelle édition augmentée d'un recueil de 24 planches. *Paris, Salmon*, 1846, in-fol. pl. demi-rel.

189. Piante ed alzati dell' insigne chiesa di S. Maria del Fiore metropolitana fiorentina, misurati e delineati da R.-C. Nelli. *Firenze*, 1755, in-fol. fig. demi-rel.

190. Descrizione del Campidoglio di Pietro Righetti. *Roma*, 1833-36, 2 vol. in-fol. pl. demi-rel, dos et coins de vélin.

191. Architecture civile. Maisons de ville et de campagne de toutes formes et de tous genres, projetées pour être construites sur des terrains de différentes grandeurs, par M. L.-A. Dubut. *Paris, Eerhart*, 1803, in-fol, front. epl. veau.

Papier grand colombier de Hollande, avec toutes les gravures lavées à l'encre de Chine.

192. Vues pittoresques des châteaux de France dessinées d'après nature et lithographiées par les principaux artistes de la capitale, avec un texte historique et descriptif par A. Blancheton. *Paris, Didot, s. d.* (1826-30), 2 vol. in-fol. portr. et pl. demi-rel.

193. Les Délices de Paris et de ses environs, ou recueil de vues perspectives des plus beaux monuments de Paris, et des maisons de plaisance situées aux environs de cette ville et en d'autres endroits de la France. Le tout en 210 planches dessinées et gravées pour la plus grande partie

par Perelle. *Paris*, *Ch.-Ant. Jombert*, 1753, gr. in-fol. pl. veau marbré.

Superbe recueil, exemplaire de toute beauté.

194. Archives de la commission des monuments historiques publiées par ordre de S. E. M. Achille Fould. *Paris*, *Gide*, *s. d.* 129 livraisons in-fol. pl. br.

195. Westmonasterium, or the History and Antiquities of the abbey church of S. Peter, s. Westminster. *London*, *J. Cole*, *s. d.* (1723), 2 vol. in-fol. front. et pl. cuir de Russie.

Papier impérial, superbe exemplaire.

196. Suecia antiqua et hodierna. *S. l. n. d.* (*Holmiæ*, 1693-1814), 3 tomes en un vol. in-fol. obl. de 352 planches, veau marbré.

Les planches de cet ouvrage, entrepris aux frais du roi de Suède, représentent des villes, des ports de mer, des palais, des vues intéressantes et divers objets d'antiquités suédoises; elles offrent aussi plusieurs dessins et plans de bâtiments qui n'ont jamais été exécutés.

---

197. Riflessioni antiquarie sulle sculpture Capitoline, dedicate agli artisti e agli amatori. *Roma*, 1806, 2 vol. in-4, pl. demi-rel.

198. Musée des antiques, dessiné et gravé par P. Bouillon, avec des notes explicatives par J.-B. de Saint-Victor. *Paris*, *imp. P. Didot*, *s. d.* 3 vol. in-fol. pl. demi-rel. mar. rouge.

199. Les Monuments antiques du musée Napoléon, dessinés et gravés par Thomas Piroli, avec une explication par J.-G. Schweighæuser, publiés par F. et P. Piranesi. *A Paris*, *an XII* (1804-1806), 4 vol. in-4, fig. bas.

200. Augusteum, ou Description des Monuments antiques qui se trouvent à Dresde, par Guil. Gottlieb Becker. *Leipzig*, 1804-12, 3 vol. in-fol. fig. demi-rel.

Superbe ouvrage.

201. Étude sur Jean Cousin, suivie de notices sur Jean Leclerc et Woeiriot, par Ambr. Firm.-Didot, ornée d'un portrait inédit de J. Cousin, etc. *Paris*, *F.-Didot*, 1872, in-8, portr. et phot. br.

202. Description de ce qui a été pratiqué pour fondre en bronze d'un seul jet la figure équestre de Louis XIV, ouvrage françois et latin, enrichi de planches en taille-

douce, par le sieur Boffrand. *Paris*, *G. Cavellier*, 1743, in-fol. portr. et pl. cart.

La planche représentant le four, qui manque à presque tous les exemplaires, se trouve dans celui-ci. Piqûres de vers.

---

203. Dictionnaire des Graveurs anciens et modernes depuis l'origine de la gravure, par F. Basan; seconde édition. *A Paris, chez Cuchet et Prault*, 1789, 2 vol. in-8, front. et fig. veau rac.

Exemplaire avec les 50 figures. La gravure du Rossignol, par Bernard Picart, s'y trouve.

204. Notes biographiques sur Jacopo de Barbay dit le Maître au caducée, peintre graveur vénitien de la fin du xve siècle, par Ch. Ephrussi, avec sept gravures tirées hors texte. *Paris*, *Jouaust*, 1876, in-4, fig. br.

205. Histoire de la gravure en France, par Georges Duplessis. *Paris*, *Rapilly*, 1861, in-8, br.

206. Manuel de l'amateur d'estampes, par M. Ch. Blanc; ouvrage destiné à faire suite au Manuel du libraire et de l'amateur de livres, par M. J.-Ch. Brunet. *Paris*, *Jannet*, 1850-57, 9 livraisons in-8, br.

Cet ouvrage, qui devait avoir 16 livraisons, n'a pas encore été achevé. Les 9 premières seules ont paru.

207. De la Gravure de portrait en France, par Georges Duplessis. *Paris*, *Rapilly*, 1875, in-8, br.

208. Les Gravures françaises du xviiie siècle, ou Catalogue raisonné des estampes, eaux-fortes, pièces en couleur, au bistre et au lavis, de 1700 à 1800, par Emm. Bocher. *Paris*, *Rapilly*, 1875-77, 4 fascicules in-4, portr. et fig. br.

Les quatre premières livraisons qui aient paru de cet ouvrage; ce sont : Lavreince, Baudouin, Siméon Chardin et Lancret.

209. Imagines deorum qui ab antiquis colebantur : in quibus simulacra, ritus, cærimoniæ, magnaque ex parte veterum religio explicatur : autore Vincentio Chartario. *Lugduni*, 1581, in-4, fig. demi-rel. bas.

210. Iconographie ancienne, ou Recueil des portraits authentiques des empereurs, rois et hommes illustres de l'antiquité, par le chevalier E. de Visconti. Première partie : Iconographie grecque. *Paris*, *impr. P. Didot l'aîné*, 1808, 3 vol. in-fol. pl. Seconde partie : Iconographie romaine : hommes illustres. *Paris*, *P. Didot*, 817-33, 4 vol.

gr. in-fol. pl. Ensemble, 7 vol. gr. in-fol. pl. demi-rel. mar. rouge n. r.

Ces deux magnifiques ouvrages qui font suite l'un à l'autre, ont été imprimés aux frais de l'État et distribués en présents.

211. Iconographie chrétienne. Histoire de Dieu, par M. Didron. *Paris, Imprimerie royale*, 1843, in-4, vélin.

212. IMAGES de saints et saintes issus de la famille de l'empereur Maximilien I, en une suite de cent dix-neuf planches gravées en bois par différens graveurs d'après les dessins de Hans Burgmaier. *Vienne*, 1799, in-fol. pl.

213. AUGUSTISSIMORUM IMPERATORUM, regum atque archiducum, illustrissimorum principum, necnon comitum, baronum, nobilium, clarissimorum virorum verissimæ imagines et rerum ab ipsis gestarum descriptiones quorum arma in Ambrosianæ arcis armamentario conspiciuntur, opus J. Schrenkhii. *Œnisponti, Joan. Agricola*, 1601, gr. in-fol. portr. vélin.

Ce volume est orné d'un frontispice et de 125 portraits en pied représentant les armures anciennes de la collection de l'archiduc Ferdinand d'Autriche, réunie et conservée depuis à Dresde. Ces portraits sont imprimés au verso d'un texte encadré de superbes bordures sur bois. Ce sont ceux des plus célèbres personnages du XVIe siècle.

214. L'Italie littéraire et artistique, galerie de cent portraits des poètes, prosateurs, peintres, sculpteurs, etc., par Joseph Zirardini, traduction française par M. Ubicini. *Paris, Baudry*, 1851, in-8, portr. br.

215. Devises héroïques, par M. Claude Paradin. *A Lyon, par Jan de Tournes et Guil. Gazeau*, 1557, in-8, fig. veau, fers à froid, tr. dor. (*Dauphin.*)

Superbe exemplaire de ce joli volume.

216. Iconologie, ou la Science des emblèmes, devises, etc..., enrichie et augmentée d'un grand nombre de figures avec des moralités, tirées la plupart de César Ripa par J. B. de l'Académie française. *Amsterdam*, 1698, in-12, front. et fig. veau.

217. La Doctrine des mœurs, qui représente en cent tableaux la différence des passions et enseigne la manière de parvenir à la sagesse universelle, par M. de Gomberville. *Paris, Legras*, 1688, in-12, fig. veau.

218. Les Héros de la Ligue, ou la Procession monacale conduite par Louis XIV pour la conversion des protestans de son royaume. *A Paris, chez Pere Peters*, 1691, pet. in-4, cart.

Bel exemplaire de la bonne édition ; le sonnet qui doit occuper le dernier feuillet manque.

219. Douze Figures de Gravelot et un portrait par Santerre, gravés à l'eau-forte par Monziès, Martinez et Lemaire, pour les œuvres de Racine. *Paris, Alph. Lemerre,* 1877, in-8, en feuilles.

220. Les Aventures de Télémaque, fils d'Ulysse, gravées d'après les dessins de Charles Monnet, par J.-B. Tillard. *Paris, chez l'auteur*, 1773, in-4, fig. veau.

Bonnes épreuves.

221. Suite de quarante-deux figures de Dévéria, gravées par Lacour, Leroux, Vallot, etc., pour les œuvres de J.-J. Rousseau, in-fol. cart.

Superbes épreuves sur chine AVANT LA LETTRE.

222. Vingt-six figures de Gravelot, gravées par de Longueil, Lemire, Leveau, et un portrait d'après Cochin gravé par Saint-Aubin, pour les Contes moraux de Marmontel, gr. in-8, cart.

Épreuves avec marges.

223. Histoire de l'Enfant prodigue, en douze tableaux, tirée du Nouveau Testament, dessinée et gravée par Jean Duplessi-Bertaux en 1815. *Paris, P. Didot*, 1816, in-4, demi-rel.

224. L'ŒUVRE ORIGINALE DE VIVANT DENON, ancien directeur des postes et des musées, collection de 317 eaux-fortes dessinées et gravées par ce célèbre artiste, avec une notice très-détaillée sur sa vie intime, ses relations et son œuvre par M. Albert de la Fizelière. *Paris, A. Barraud*, 1873, 2 vol. gr. in-4, portr. et fig. demi-rel. dos et coins de mar. bleu, tête dor. éb.

225. CAMPAGNES MÉMORABLES DES FRANÇAIS en Égypte, en Italie, en Hollande, en Allemagne, en Prusse, Pologne, etc., ou Histoire complète de toutes les opérations militaires de la France depuis l'époque de l'expédition d'Égypte jusqu'à celle du traité de paix de 1815, par F. Rouillon-Petit. *Paris, Bance aîné* (*de l'impr. de Didot jeune*), 1817, 2 vol. gr. in-fol. fig. demi-rel. toile.

Quarante gravures au burin d'après Carle Vernet et cent portraits de généraux.

226. Les Français peints par eux-mêmes. *Paris, L. Curmer*, 1840-42, 9 vol. gr. in-8, fig. et vign. demi-rel. mar. vert.

Très-bel exemplaire dont toutes les figures sont coloriées. Le Prisme, complément de cet ouvrage, est *broché*.

227. L'Empereur et la garde impériale, par Charlet, avec un

précis historique sur la garde, et une notice sur les officiers généraux et supérieurs qui en ont fait partie, par M. Adrien Pascal. *Paris, Perrotin*, 1853, gr. in-fol., pl, *en livraisons*.

Épreuves avec teinte rehaussée de coloris.

228. Cent Proverbes, par Grandville et par (trois têtes dans un bonnet). *Paris, H. Fournier*, 1845, in-8, front. fig. demi-rel. tr. dor.

Premier tirage des gravures.

229. Assemblée nationale comique, par Auguste Lireux, illustrée par Cham. *Paris, Michel Lévy*, 1850, gr. in-8, front. et fig. demi-rel.

230. Umrisse zu Gœthe's Iphigenie auf Tauris gezeichnet von Hermann Heideil, in Kupfer gestochen von H. Sagert. *Berlin*, 1851, in-4, obl. pl. br.

Recueil de 7 planches gravées au trait.

231. Tit-Bit's selected by H. Heath and published by J. Reynolds. *London, Strand, s. d.*, 2 vol. in-8, cart.

Recueil très-curieux de caricatures anglaises.

232. Faits mémorables des empereurs de la Chine tirés des annales chinoises, orné de 24 estampes in-4 gravées par Helman. *Paris, chez l'auteur*. 1788, gr. in-4, fig. demi-rel.

BELLES-LETTRES.

I. LINGUISTIQUE.

233. Apollonius Dyscole. Essai sur l'histoire des théories grammaticales dans l'antiquité, par E. Egger. *Paris, E. Thorin*, 1854, in-8, br.

234. Le Dictionnaire universel, panthéon littéraire et encyclopédie illustrée par Maurice de la Châtre, avec le concours de savants, d'artistes et d'hommes de lettres. *Paris*, 1852, 2 vol. gr. in-4, portr. et fig. demi-rel. veau.

235. Du Fanatisme dans la langue révolutionnaire, ou de la Persécution suscitée par les barbares du XVIIIe siècle contre la religion chrétienne, par J.-F. Laharpe. *Paris*, 1797, in-8, br.

II. POÈTES ANCIENS.

236. Idylles de Théocrite, traduites en français par J.-B. Gail, nouvelle édition ornée de figures gravées d'après les dessins de Barbier et Boichot. *Paris, an IV*, 2 vol. in-4, fig. veau rac.

237. L'Iliade d'Homère, traduite du grec, deuxième édition, revue et corrigée. *A Paris, de l'impr. de Bossange*, 1809, in-fol. pl. demi-rel. mar. rouge, non rogné.

Tiré à 25 exemplaires à 2 colonnes et sur papier vélin, avec 34 figures d'après Flaxman, et des bustes d'Homère et d'Achille.

238. Speculum heroicum Homeri, ou les 24 liv. d'Homère rédigés en tables, fig. par Crispin de Passe, avec des arguments en vers latins et français, par J. Hillaire de la Rivière. *Arnhemiæ, J. Jassonium*, 1613, pet. in-4, fig. veau éc.

Très-bel exemplaire.

239. Traduction d'Anacréon en prose, par Mme Céleste Vien. *Paris, Urbain Canel*, 1825, in-12, front. mar. rouge, dos orné, fil. tr. dor. *aux armes*. (*Thouvenin*.)

240. Discours prononcé à l'ouverture du cours de poésie latine le 9 mars 1855, par M. Sainte-Beuve. *Paris, Garnier*, 1855, in-12, br.

Première édition.

241. Les Géorgiques de Virgile, traduction nouvelle en vers français, enrichie de notes et de figures par M. Delille. *Paris, Bleuet*, 1770, in-8, front. et fig. veau éc. tr. dor.

Un frontispice de Casanova et quatre jolies figures d'Eisen.

242. L'Énéide de Virgile, traduction de M. de Pongerville; les Bucoliques et les Géorgiques, traduction de M. F. Collet. *Paris, Lefèvre*, 1850, 2 vol. in-12, br.

243. Œuvres complètes d'Horace, traduites en vers par P. Daru, sixième édition. *Paris, Janet et Cotelle*, 1823, 2 vol. in-8, veau fauve, tr. marbrée. (*Bibolet*.)

244. C. Julii Hygini Augusti liberti fabularum liber ad omnium poëtarum lectionem mire necessarius, et nunc denuo

excusus. *Basileæ, Hervagius*, 1549, in-fol. veau, rel. du temps.

Cette édition contient de plus que les précédentes : Albricus philos. de deorum imaginibus. Le titre a été découpé et recollé.

245. Les Métamorphoses d'Ovide, en latin et en françois, de la traduction de M. l'abbé Banier, avec des explications historiques. *Paris, Guillyn*, 1667-71, 4 vol. in-4, front. et fig. veau éc. tr. dor.

Superbe exemplaire de la première édition avec les gravures.

246. Ovidii libri de Tristibus (1499), in-fol. fig. sur bois cartonné.

247. Juuenalis cum tribus commentariis videlicet Domitii, Calderini, Georgii Vallæ. *S. l. n. d.* (A la fin) : *Impressum Venetiis per Symonem Biuilaqua Papiensem*, in-fol. vélin.

Très-belle édition, imprimée en lettres rondes. Piqûres de vers.

248. Les Catalectes, ou Pièces choisies des anciens poètes latins traduits en vers, par Joseph Scaliger. *Paris, J. Langlois*, 1675, 2 part. en 1 vol. in-4, veau.

249. Œuvres de C. Sollius Apollinaris Sidonius, traduites en français avec le texte en regard et des notes, par Grégroire et Collombet. *Lyon*, 1836, 3 vol. in-8, br.

III. POÈTES FRANÇAIS ET ÉTRANGERS.

250. Trouvères, Jongleurs et Ménestrels du nord de la France et du midi de la Belgique, par A. Dinaux. *Paris, Techener*, 1857-63, 4 vol. in-8, demi-rel. dos et coins de mar. la Vall. tête dor. ob.

Très-rare.

252. Les Derniers Troubadours de la Provence, d'après le chansonnier donné à la Bibliothèque impériale par M. Ch. Giraud, par Paul Meyer. *Paris*, *Franck*, 1871, in-8, br.

Épuisé.

253. Les Voyages merveilleux de saint Brandan à la recherche du paradis terrestre, légende en vers du XIIe siècle publiée par Fr. Michel. *Paris, Claudin*, 1878, pet. in-8, br.

254. Aiol, chanson de geste, publiée d'après le manuscrit

unique de Paris par J. Normand et Gaston Reynaud. *Paris, F.-Didot,* 1877, in-8, cart. n. r.

Publié par la Société des anciens textes français.

255. FABLIAUX ET CONTES des poètes françois des XIe, XIIe, XIIIe, XIVe et XVe siècles tirés des meilleurs auteurs, publiés par Barbazan, nouvelle édition augmentée et revue sur les manuscrits par M. Méon. *Paris, Warée,* 1808, 4 vol. in-8, fig. cuir de Russie, tr. dor. (*Simier.*)

Superbe exemplaire sur GRAND PAPIER DE HOLLANDE; avec triple état des figures; EAUX-FORTES, AVANT LA LETTRE ET avec la lettre.

256. NOUVEAU RECUEIL DE FABLIAUX et contes inédits des poètes français des XIIe, XIIIe, XIVe et XVe siècles, publié par M. Méon. *Paris, Chassériau,* 1823, 2 vol. in-8, fig. demi-rel. n. r.

Superbe exemplaire en GRAND PAPIER VÉLIN.

257. Nouveau Recueil de contes, dits, fabliaux et autres pièces inédites des XIIIe, XIVe et XVe siècles, pour faire suite aux collections Legrand d'Aussy, etc., par Ach. Jubinal. *Paris, Ed. Pannier,* 1839, 2 vol. in-8. br.

258. Le Roman du Renart, publié d'après les manuscrits de la Bibliothèque du Roi des XIIIe, XIVe et XVe siècles, par M. Méon. *Paris, Treuttel et Würtz,* 1826-35, 5 vol. in-8, demi-rel. mar. bleu, n. r.

259. Le Roman de la Rose, par Guill. de Lorris et Jehan de Meung, nouvelle édition, revue et corrigée sur les meilleurs et les plus anciens manuscrits par M. Méon. *Paris, impr. de Didot l'aîné,* 1814, 4 vol. in-8, portr. et fig. br.

260. LE SALVE DALKIMIE (gothique), pet. in-8, feuillets, demi-rel.

Petite pièce en vers imprimée vers 1530. L'exemplaire est très-grand de marges et bien conservé.

261. Œuvres de Clément Marot, revues sur plusieurs manuscrits et sur plus de quarante éditions, etc., avec les ouvrages de Jean Marot son père, et ceux de Michel Marot son frère, etc. *La Haye,* 1731, 6 vol. in-12, veau.

262. Œuvres de Mathurin Regnier, avec les commentaires revus, corrigés et augmentés, précédées de l'histoire de la satire en France par M. Viollet-le-Duc. *Paris, Th. Desoer,* 1822, in-12, br.

Charmante édition.

263. Cantique d'Estienne Dolet, prisonnier à la Conciergerie

de Paris, sur sa désolation et sur sa consolation; en vers. *S. l., imprimé l'an* 1846, br.

264. Le Second Enfer d'Étienne Dolet, suivi de sa traduction des deux dialogues platoniciens l'Axiochus et l'Hipparchus. *Paris*, 1868, in-8, br.

265. Les Œuvres de Mesdames des Roches, de Poetiers, mère et fille. *A Paris, pour Abel l'Angelier*, 1578, in-4, de 4 ff. prélim. et de 160 pp. vélin.

ÉDITION ORIGINALE. Très-bel exemplaire.

266. Nouveau Recueil des plus beaux vers de ce temps. *Paris, Toussaint du Bray*, 1609, in-8, vélin.

267. La Pucelle, ou la France délivrée, poème héroïque, par M. Chapelain. *Paris, Aug. Courbé*, 1656, gr. in-fol. front. portr. et fig. mar. rouge, dos orné, comp. de fil. à la Duseuil, tr. dor. (*Rel. anc.*)

Nombreuses mouillures.

268. Œuvres de M. Boileau-Despréaux, nouvelle édition avec des éclaircissemens historiques donnés par lui-même et rédigés par M. Brossette, augmentée de plusieurs pièces par M. de Saint-Marc. *Paris, David et Durand*, 1747, 5 vol. in-8, portr. et fig. mar. vert, dos orné, fil. tr. dor. (*Rel. anc.*)

Le tome III est relié en veau.

269. Le Lutrin, poème héroï-comique de Boileau-Despréaux, édition conforme au texte original, ornée de vignettes par Ernest et F. Hillemacher. *Lyon, Scheuring*, 1862, in-4, front. fig. cart. n. r.

270. Fables choisies, mises en vers par J. de la Fontaine. *Paris, Desaint et Durand*, 1755-59, 4 vol. in-fol. portr. fig. d'Oudry, veau.

Exemplaire en grand papier.

271. Fables de la Fontaine illustrées par J.-J. Grandville, nouvelle édition. *Paris, H. Fournier*, 1839-40, 3 vol. in-8, front. et fig. demi-rel. veau, violet.

Le troisième volume est formé par la seconde série des 120 figures de Grandville en premières épreuves.

272. Fables de la Fontaine publiées par D. Jouaust avec une introduction par Saint-René Taillandier, ornées de douze dessins originaux de Bodmer, Daubigny, Detaille, Gérome, L. Lenoir, etc. *Paris, Libr. des bibliophiles*, 1873, 2 vol. in-8, portr. et fig. br.

Édition dite des douze peintres.

273. La Fontaine et les fabulistes, par M. Saint-Marc Girardin. *Paris, Michel Lévy*, 1867, 2 vol. in-8, br.

274. Contes et Nouvelles en vers, par M. de la Fontaine. *Amsterdam*, 1767, 2 vol. in-8, portr. et fig. br.

275. Contes de la Fontaine, nouvelle édition, revue et accompagnée de notes, par C.-A. Walckenaer. *Paris, Lefèvre*, 1822, in-8, fig. br.

276. Nouvelles Œuvres inédites de J. de la Fontaine, suivies de documents historiques contemporains, avec une bibliographie générale de ses ouvrages, par M. P. Lacroix. *Paris, Hachette*, 1868, in-8, portr. br.

277. Histoire de la vie et des ouvrages de J. de la Fontaine, par C.-A. Walckenaer, troisième édition, corrigée, augmentée et ornée de gravures. *Paris, Nepveu*, 1824, in-8, portr. br.

278. Les Madrigaux de M. D. L. S. (de la Sablière). *A Paris, chez Claude Barbin*, 1680, in-12, veau.

Très-bel exemplaire.

279. Les Amours de Tristan. *Paris, P. Billaine*, 1688, in-4, veau.

Exemplaire grand de marges; un nom qui se trouvait au bas du titre a été coupé.

280. Œuvres de Rousseau, nouvelle édition. *Londres*, 1753, 5 vol. in-12, port. veau marbré.

281. Œuvres choisies de J.-B. Rousseau, odes, cantates, épîtres et poésies diverses, ornées de son portrait. *Paris, Janet et Cotelle*, 1823, in-8, port. demi-rel.

Un très-joli portrait gravé par Dequevauviller.

282. Anti-Rousseau, par le poète sans fard (Gacon). *Rotterdam*, 1712, in-12, cart.

283. Le Vice puni, ou Cartouche, poème (par Grandval père), nouvelle édition, avec des figures à chaque chant. *Paris, Prault*, 1726, in-8, front. fig. veau.

284. Œuvres poétiques de Voltaire, édition dédiée aux amateurs de l'art typographique. *Paris, Didot*, 1828, in-8, port. veau fauve, ornements à froid, tr. dor. (*Thouvenin*).

285. Œuvres de Gresset, *Paris, Houdaille*, 1839, in-8, port. et fig. demi-rel. mar. vert.

286. Le Bonheur, poème en six chants avec des fragments

et quelques épîtres, ouvrages posthumes de M. Helvétius. *Londres*, 1773, in-12, veau.

287. Œuvres de Colardeau, de l'Académie françoise. *Paris, Balbard et Le Jay*, 1779, 2 vol. gr. in-8, port. et fig., veau marbré.

288. Œuvres inédites de Piron, prose et vers, accompagnées de lettres également inédites adressées à Piron par Mlles Quinault et de Bar, publiées par Honoré Bonhomme. *Paris, Poulet-Malassis*, 1859, in-8, br.

289. Œuvres de Bernard, *S. l. n. d.* (*Paris, impr. de Crapelet*), in-8, front. et fig. veau.

Un très-joli frontispice gravé par Buquoy, et 3 figures de Martini, pour l'Art d'aimer, et 3 figures d'Eisen pour Phrosine et Mélidore.

290. Les Saisons, poème, septième édition. *A Amsterdam*, 1775, in-8, front. et fig. mar. rouge, dos orné, fil. tr. dor. (*Rel. anc.*)

Reliure fatiguée. A la fin du volume se trouvent les trois contes suivants : l'Abénaki, Sara Th... et Ziméo.

291. Les Saisons, poème, par Saint-Lambert. *Paris, impr. de P. Didot, an IV*, 1796, in-4, fig. veau fauve, dos orné, dent. tr. marbrée.

GRAND PAPIER VÉLIN; figures AVANT LA LETTRE.

292. Poésies de André Chénier, édition critique, étude sur la vie et les ouvrages de André Chénier, par Becq de Fouquières. *Paris, Charpentier*, 1862, in-8, portr. br.

293. Poésies complètes de Sainte-Beuve, nouvelle édition, très-augmentée. *Paris, Michel Lévy*, 1863, 2 vol. in-8 br.

---

294. ROLAND FURIEUX, poème héroïque de l'Arioste avec figures, traduction nouvelle par le comte de Tressan. *Paris, Laporte, s. d.*, 4 vol. in-4 portr. et fig. veau brun, dent. tr. dor. (*Thouvenin.*)

Exmeplaire auquel on a ajouté les 46 gravures DE COCHIN AVANT LA LETTRE.

295. Jérusalem délivrée, poème traduit de l'italien; nouvelle édition, revue et corrigée, enrichie de la vie du Tasse. *Paris, Bossange et Masson*, 1810, 2 vol. in-8, portr. et fig. demi-rel.

Un portrait et 20 figures avant la lettre.

296. Jérusalem délivrée, poème traduit de l'italien; nouvelle édition, revue, corrigée, enrichie de la vie du Tasse. *Paris*,

Bossange et Masson, 1813, 2 vol. gr. in-8, portr. et fig., mar. rouge, dos orné, dent. tr. dor. (*Rel. anc.*)

Superbe exemplaire, figure de Lebarbier AVANT LA LETTRE.

297. Rigveda-Sanhitha, liber primus, sanskrite et latine edidit Fridericus Rosen. *London*, 1838, in-4 br.

IV. THÉATRE.

298. Théâtre des Grecs, par le P. Brumoy, enrichi de très-belles gravures, etc. *Paris, Cussac*, 1785-89, 13 vol. in-8, front. et fig. veau vert.

299. Plautinæ viginti Comœdiæ emendatissimæ cum... interpretatione... Petri Vallæ Placentini ac Bernardi Saraceni Veneti. *Impressum Venetiis per Simonem Papiensem dictum Bevilaqua*, 1599, 2 part. en 1 vol. in-fol. vélin, *avec ais en bois.*

300. Nouveau Recueil choisi et mêlé des meilleures pièces du théâtre françois et italien. *A Utrecht*, 1743, 2 vol. in-12 demi-rel.

301. Théâtre français au moyen âge, publié d'après les manuscrits de la Bibliothèque du Roi, par MM. Monmerqué et Francisque Michel (XIe-XIVe siècle). *Paris, H. Delloye.* 1839, gr. in-8. br.

302. Mystères inédits du XVe siècle publiés pour la première fois par Achille Jubinal, d'après le mss. de la bibliothèque Sainte-Geneviève. *Paris, Techener*, 1827, 2 vol. in-8, pl. br.

303. Le Dialogue du Fol et du Sage, moralité du XVIe siècle. *Impr. pour la Société des bibliophiles français*, *Paris*, 1829, gr. in-8, br.

304. Farce joyeuse et récréative à trois personnes, à sçavoir, tout, chascun et rien. *Impr. pour la Société des bibliophiles français. Paris*, 1828, in-8, br.

305. L'Intrigue des filous, comédie, par de l'Estoile. *Paris, Ant. de Sommaville*, 1648, in-4, cart.

306. ŒUVRES DE P. CORNEILLE, avec les commentaires de Voltaire. *Paris, Ant.-Aug. Renouard*, 1817, 12 vol. gr. in-8, portr. et fig. mar. bleu. dos orné, dent, tr. dor. (*Thouvenin.*)

Superbe exemplaire en GRAND PAPIER VÉLIN, avec les figures de Moreau AVANT LA LETTRE.

307. Œuvres de Molière, avec les notes de tous les commentateurs, troisième édition, publiée par L. Aimé-Martin *Paris, Lefèvre*, 1845, 6 vol. in-8, port. et fig. br.

Rare.

308. Théâtre complet de J.-B. Poquelin de Molière, publié par D. Jouaust, préface par D. Nisard. Dessins de Louis Leloir, gravés à l'eau-forte par Léopold Flameng. *Paris, Libr. des bibliophiles*, 1876-77, tomes I et II, in-8, port. et fig. br.

309. Œuvres de Jean Racine. *Paris, impr. P. Didot, an IX*, 1801-5, 3 vol. gr. in-fol. front. et fig. cart. n. r.

Superbe édition, ornée de 57 gravures exécutées d'après les dessins de Prud'hon, Gérard, Girodet, Chaudet, Taunay et Maitte.

310. Pièces de théâtre de M. Boursault. *Suivant la copie impr. à Paris, chez J. Guignard* (*la Sphère*), 1694, in-12, front. veau.

311. Théâtre de feu M. Boursault, nouvelle édition, revue, corrigée et augmentée de plusieurs pièces qui n'ont point paru dans les précédentes. *Paris, N. Le Breton*. 1725, 3 vol. in-12, veau.

312. Théâtre de feu M. Boursault, nouvelle édition, revue, corrigée et augmentée de plusieurs pièces qui n'ont point paru dans les précédentes. *Paris*, 1746, 3 vol. in-12, veau.

313. Chefs-d'œuvre dramatiques, ou Recueil des meilleures pièces du théâtre françois, avec des discours préliminaires par M. Marmontel. *Paris, Grangé*, 1773, in-4, fig. veau.

Jolies figures d'Eisen.

314. Œuvres de M. de Campistron, nouvelle édition, corrigée et augmentée de plusieurs pièces. *Paris*, 1750, 3 vol. in-12, veau.

315. Théâtre complet de Beaumarchais, réimpression des éditions princeps avec les variantes des manuscrits originaux, publiés pour la première fois par G. d'Heylli et F. de Marescot. *Paris, Acad. des bibliophiles*, 1869-71, 4 vol. in-8, port. br.

316. La Folle Journée, ou le Mariage de Figaro, comédie en cinq actes, en prose, par M. de Beaumarchais. *De l'impr. de la Société littéraire typographique, et se trouve à Paris, chez Ruault*, 1785, gr. in-8, fig. veau marbré, tr. dor.

Édition originale en **grand papier vélin**, avec les 5 figures de Saint-Quentin, gravées par Liénard, Halbou et Lingé.

317. Menzicoff, ou les Exilés, tragédie, par M. de Laharpe, précédée d'un précis historique sur le prince Menzicoff. *Paris*, *Lambert*, 1781, in-8, veau marbré.

318. L'Hommage sincère, petit divertissement champêtre donné à l'impératrice de toutes les Russies. *Saint-Pétersbourg*, *s. d.*, in-8, mar. rouge, dent. tr. dor. (*Rel. anc.*)

319. Œuvres de J.-F. Ducis, *Paris*, *Aimé André*, 1827, 6 vol. in-12, portr. demi-rel. veau.

320. Les Spectacles de la foire, théâtres, acteurs, etc., documents inédits recueillis aux archives nationales par Em. Campardon. *Paris*, *Berger-Levrault*, 1877, 2 vol. in-8, br.

321. Feu Séraphin, histoire de ce spectacle depuis son origine jusqu'à sa disparition : 1816-1870. *Lyon*, *Scheuring*, 1875, portr. et fig. br.

322. Galerie théâtrale, ou Collection des portraits en pied des principaux artistes des trois premiers théâtres de la capitale, gravés par les plus célèbres artistes, imprimés en noir et en couleur. *Paris*, *Bance*, 3 vol. in-4, titre gravé et imprimé, fig. en couleur, demi-rel. veau fauve.

Recueil de 144 portraits précédés d'une notice pour chacun d'eux.

323. Les Souvenirs et les Regrets du vieil amateur dramatique, ou Lettres d'un oncle à son neveu sur l'ancien théâtre français, etc., ouvrage orné de figures coloriées. *Paris*, *Froment*, 1829, in-12, fig. demi-rel.

---

324. La Philis de Scire, pastorale du comte Bonnarelli, nouvellement traduite en vers françois avec l'italien à costé. *Paris*, *Loyson*, 1669, in-12. front. fig. veau.

325. Aminta, favola boschereccia di Torquato Tasso. *Crisopoli*, 1789, in-4, port. demi-rel.

Édition imprimée avec les caractères typographiques de Bodoni.

V. FABLES EN PROSE ET ROMANS.

326. Vita (et Fabulæ) Æsopi, per Rynutium facta, in-4°, *S. ch. ni récl.*, *dérel.*

Édition imprimée avec les caractères de *Guldinbeck*, de Rome, vers 1476. Une note à la fin du volume annonce, en effet, que ce livre a été acheté à Rome, en 1478.

327. Les Fables d'Ésope, avec cent vingt-trois figures d'après Barlow. *Paris*, *Genets*, *an* XI, in-8, obl. fig. cart.

328. Collection des romans grecs, traduits en français avec des notes par MM. Courier, Larcher, et autres hellénistes. *Paris*, *Merlin*, 1822-41, 13 vol. in-12, fig. br.

PAPIER VÉLIN.

329. Les Amours pastorales de Daphnis et de Chloé, traduites du grec de Longus par J. Amyot. *Paris, A. Renouard,* 1803, in-12, front. br.

Très-jolie édition. En tête se trouve une très-jolie figure de Prudhon.

330. Petronii Arbitri Satyrici fragmenta quæ extant. (Ad finem:) *Impressum Venetiis per Bernardum Venetum de Vitalibus, anno Domini* 1499, *die* 23 *mensis Julii*, in-4 de 20 ff., à 38 lign. par page, caract. romains, dérel.

PREMIÈRE ÉDITION de Pétrone qui ait paru séparément. Le dernier feuillet, qui est blanc, manque.

331. L. Apuleii Madaurensis philosophi Platonici Metamorphoseos sive de Asino avreo. (Ad finem:) *Impressa per Henricum de Santo Vrso in Vicentia*, 1488, in-fol. de 178 ff., vélin, *avec ais en bois.*

Incomplet des ff. B. 1 et B. 2, quelques autres ff. sont tachés.

332. L'Éloge de la Folie, composé en forme de déclamation par Erasme et traduit par M. Gueudeville, avec les notes de Gérard Listre et les belles figures de Holbein. *Amsterdam, Fr. l'Honoré,* 1728, pet. in-8, front. fig. veau.

— Le même. *L'Honoré*, 1741. in-12, fig. veau.

333. L'Éloge de la Folie, traduit du latin d'Érasme par M. Gueudeville, nouvelle édition, revue et corrigée, ornée de nouvelles figures. *S. l.,* 1751, in-4, front. et fig. veau éc.

Superbe édition avec les jolies figures d'Eisen.

334. La Bibliothèque bleue, entièrement refondue et considérablement augmentée. *Paris, Bossard,* 1776-83, 3 vol. in-8, fig. veau rac.

Jolies figures de Desrais.

335. La Bibliothèque bleue, depuis Jean Oudot Ier jusqu'à M. Baudot, 1600-1863. par Alexandre Assier. *Paris,* 1874. in-12, br.

De la Bibliothèque de l'amateur champenois.

336. Merangis de Portlesguez, roman de la Table ronde, par Raoul de Houdenc, publié par H. Michelant, avec fac-simile des miniatures du manuscrit de Vienne. *Paris, Tross,* 1879, in-8, br.

337. Histoire et Chronique du petit Jehan de Saintré et de la jeune dame des belles cousines, sans aultre nom nommer; collationnée sur les manuscrits de la Bibliothèque royale, etc. *Paris*, *Didot*, 1830, gr. in-8, goth, cart. n. r.

Superbe édition, avec ornements, miniatures et lettres ornées tirés des manuscrits.

338. Le Livre du Voir-Dit de Guillaume de Machaut, où sont contées les amours de messire Guillaume de Machaut et de Peronnelle, dame d'Armentières, publié par la Société des bibliophiles françois. *Paris*, *Aubry*, 1875, in-8, fig. br.

339. Le premier (le second, le tiers, le quart et e cinquiesme) livre d'Amadis de Gaule, traduit nouvellement d'espagnol en françois par le seigneur des Essars, Nicolas de Herberay. *Paris*, *Vincent Sertenas et Jehan Longis*, 1540-44, 5 part. en un vol. pet. in-fol. fig. veau.

Bel exemplaire des cinq premières parties de la première traduction française. Le titre manque au premier volume.

340. Histoire des seigneurs de Gavres, roman du XVe siècle publié par Van Dale. *Bruxelles*, *s. d.*, titre gravé, fig. br.

Édition reproduite en fac-simile.

341. ŒUVRES DE MAITRE FRANÇOIS RABELAIS, suivies des remarques publiées en anglais par M. Le Motteux et traduites en françois par C.-D.-M. (de Missey), nouvelle édition ornée de 76 gravures. *Paris*, *F. Bastien*, *an VI*. (1798), 2 vol. in-fol. portr. et fig. demi-rel. mar. rouge, n. r.

PAPIER VÉLIN, tiré in-folio, avec les fig. AVANT LES NUMÉROS, quelques mouillures.

342. La Seconde Chronique de Gargantua et de Pantagruel, précédée d'une notice par Paul Lacroix. *Paris*, *Libr. des bibliophiles*, 1872, in-12, br.

343. Rabelais ressuscité récitant les faicts et comportements admirables du très-valeureux Grandgosier, roy de Placevuide, nouvelle édition. *Genève*, *Gay*, 1867, in-12, demi-rel. dos et coins de mar. brun, tête dor. éb.

344. Histoire maccaronique de Merlin Coccaie, prototype de Rabelais. *Paris*, *Toussaincts du Bray*, 1606, 2 vol. in-12, veau.

Très-jolie édition.

345. Les Nouvelles de Marguerite, reine de Navarre, *Berne*, *chez la nouvelle Société typographique*, 1792, 3 vol. in-8, vign. cart.

Texte seul.

346. L'Heptaméron des nouvelles de très-haute et très-illustre princesse Marguerite d'Angoulême, reine de Navarre, nouvelle édition publiée sur les manuscrits par la Société des bibliophiles françois. *Paris*, 1853, 3 vol. in-12, port. br.

Très-rare.

347. L'Astrée de messire Honoré d'Urfé où par plusieurs histoires et sous personnes de bergers sont déduits les divers effets de l'honneste amitié, avec la cinquième figure par Baro. *Paris*, *de Sommaville*, 1633-37, 5 tomes en 10 vol. in-8 vél. vert.

Exemplaire grand de marges, quelques raccommodages dans les gravures.

348. Études sur l'Astrée et sur Honoré d'Urfé, par Norbert Bonafous. *Paris, Didot*, 1846, in-8 br.

Les 5 premiers feuillets ont été transpercés par un clou.

349. La Princesse de Clèves (par Mme de la Fayette). *A Paris*, 1752. 2 tomes en un vol. in-12, veau.

350. L'Amour amant. *A Paris*, *chez Olivier de Varennes*, 1664, in-12, cart. n. rel.

351. La France galante, ou Histoires amoureuses de la Cour, nouvelle édition augmentée de pièces curieuses. *Cologne*, *P. Marteau*, 1695, in-12, veau.

352. Les Amours d'Anne d'Autriche, épouse de Louis XIII, avec M. le C. D. R. (le cardinal de Richelieu), le véritable père de Louis XIV, etc., nouvelle édition, revue et corrigée. *Cologne, G. Cadet*, 1722, in-12, veau.

353. Le Puits de la Vérité, nouvelle gauloise. *Amsterdam*, 1699, in-12, cart.

354. Les Aventures de Télémaque, fils d'Ulysse, par feu messire Fr. de Salignac de la Mothe Fénelon, nouvelle édition, enrichie de figures en taille-douce. *Amsterdam*, *J. Wetstein*, 1734, in-4, front. et fig. veau éc. (*Aux armes.*)

Grand papier.

355. Les Aventures de Télémaque, par Fénelon. *Paris*, *imprimerie de Monsieur*, 1785, 2 vol. in-4, veau éc.

356. Le Diable boiteux, par Le Sage. *Paris*, *D. Jouaust*, 1868, in-8, br.

357. Histoire de Gil-Blas de Santillane, par Le Sage, édition collationnée sur celle de 1747, par le comte F. de Neufchâteau, *Paris*, *Lefèvre*, 1820, 3 vol. in-8, fig. bas.

358. Histoire de Gil-Blas de Santillane, par Le Sage. Réimpression de l'édition de 1747, précédée d'une introduction par Fr. Sarcey, et ornée d'un portrait de l'auteur d'après Guélard. *Paris, Lib. des bibliophiles,* 1873, 2 vol. in-8, portr. br.

359. Le Temple de Gnide (par Montesquieu), revu, corrigé et augmenté. *Londres, s. d.*, in-8, front. et vign. veau marbré.

Édition ornée de jolies vignettes en tête des chapitres.

360. Candide, ou l'Optimiste, par Voltaire, édition originale suivie d'une lettre de M. Demad, et de notes et variantes. *Paris, Acad. des bibliophiles*, 1869, in-8, portr. br.

361. Pharsalon, ou les Nouvelles Folies romanesques, par M. de Marivaux. *La Haye*, 1737, 2 tomes en un vol. in-12, demi-rel.

362. LETTRES D'UNE PÉRUVIENNE, par Mme de Graffigny, traduites du français en italien par M. Deodati, édition ornée du portrait de l'auteur par M. Gaucher, et de six gravures exécutées par les meilleurs artistes d'après les dessins de M. Le Barbier l'aîné. *Paris, impr. de Migneret,* 1797, gr. in-8, portr. et fig. mar. bleu de Champagne, dos orné, dent. tr. dor. (*Purgold*).

PAPIER VÉLIN, avec les figures AVANT LA LETTRE.

363. Tanzaï et Néadarné, histoire japonaise. *Pékin*, 1749, 2 tomes en un vol. in-12, veau.

364. Les Filles femmes et les Femmes filles, ou le Monde changé, conte qui n'en est pas un, par M. Simien. *Londres,* 1751, in-12.

— La Malice des femmes, tirée de l'Écriture, ouvrage qui doit servir de miroir aux jeunes amans et de consolation à ceux qui sont tourmentez par leurs femmes. *S. l.*, 1712, in-12. Ensemble, 2 vol. en un, cart.

365. Angola, histoire indienne, ouvrage sans vraisemblance, nouvelle édition, revue et corrigée. *A Agra, avec privilège du Grand-Mogol,* 1751, 2 vol. in-12, fig. veau éc.

366. La Gazette de Cythère, ou Avantures galantes et récentes, arrivées dans les principales villes de l'Europe ; traduite de l'anglais, à la fin de laquelle on a joint le précis historique de la vie de Mme la Csse du Barry, avec son portrait. *Londres,* 1774, in-8, front. et portr. demi-rel.

367. Pauline et Suzette, anecdote française, par M. d'Arnaud. — Makin, histoire anglaise, par M. d'Arnaud. *Paris,*

Delalain, 1777, 2 part. en un vol. in-8, fig. et vign. demi-rel.

Deux figures par Marillier, gravées par De Launay et Halbou.

368. Œuvres choisies de l'abbé Prévost, avec figures. *Amsterdam et Paris*, 1783-84, 39 vol. in-8, port. et fig. veau fauve, tr. dor.

Superbe exemplaire, 77 jolies figures de Marillier.

369. Le Fin Matois, ou Histoire du grand Taquin, traduite de l'espagnol de Quevedo (par Restif de la Bretonne). *La Haie*, 1776, 3 vol. in-12, cart.

370. La Vie de mon père, par l'auteur du Paysan perverti (Restif de la Bretonne). *Neufchâtel*, 1779, 2 part. en 1 vol. in-12, front. et fig. veau.

Ouvrage orné de 2 fronstispices, 2 vignettes sur les titres et 12 gravures non signés.

371. Les Nuits de Paris, ou le Spectateur nocturne, par Restif de la Bretonne. *Paris*, *Mérigot*, 1791, 15 vol. in-12, fig. br.

La seizième partie manque à cet exemplaire.

372. Paul et Virginie, par B. de Saint-Pierre, précédé d'une préface par Jules Janin. *Paris, D. Jouaust*, 1869, in-8, fig. br.

Quatre jolies eaux-fortes de Foulquier, tirées sur chine.

373. Notre-Dame de Paris, par Victor Hugo. *Paris, E. Renduel*, 1836, 3 vol. in-8, front. et fig. br.

Très-bel exemplaire.

374. Struensée, ou la Reine et le Favori, par Fournier et A. Arnould, deuxième édition. *Paris*, *Dupont*, 1833, 2 vol. in-8, br.

375. Jérôme Paturot à la recherche de la meilleure des Républiques, par L. Reybaud, édition illustrée par Tony Johannot. *Paris, Michel Lévy*, 1849, gr. in-8, fig. demi-rel. mar. br.

PREMIER TIRAGE des figures.

376. Jérôme Paturot à la recherche d'une position sociale, par Louis Reybaud, édition illustrée par J.-J. Grandville. *Paris*, *Dubochet*, gr. in-8, fig. br.

PREMIER TIRAGE des gravures.

377. Madame Putiphar, par Pétrus Borel. Seconde édition, conforme pour le texte à l'édition de 1839, préface par

J. Claretie. *Paris*, *L. Wilhem*, 1877, 2 vol. in-8, fig. br.

Huit gravures sur acier, de M. Armayer.

378. Contes et Nouvelles de Bocace, Florentin, traduction libre accommodée au goût de ce temps et enrichie de figures en taille-douce gravées par M. Romain de Hooge. *Amsterdam*, *G. Gallet*, 1697, 2 vol. in-12, front. et fig. rel. veau.

Première édition avec les figures de Romain de Hooge.

379. Contes de Boccace, traduits de l'italien et précédés d'une notice historique par A. Barbier, vignettes par MM. Tony Johannot, Baron, Laville, etc. *Paris*, *Barbier*, 1846, gr. in-8, fig. et vign. demi-rel. mar. vert.

Premier tirage des gravures.

380. Histoire de l'admirable don Quichotte de la Manche, traduite de l'espagnol de Michel de Cervantes, enrichie de belles figures dessinées de Coypel et gravées par Folkema et Fokke. *Amsterdam*, 1768, 6 vol. in-12, veau marbré, tr. dor.

381. L'Ingénieux Hidalgo don Quichotte de la Manche, par Miguel Cervantes Saavedra, traduit et annoté par L. Viardot, vignettes par Tony Johannot. *Paris*, *Dubochet*, 1836, 2 vol. in-8, portr. et fig., demi-rel. dos et coins de mar. rouge, tête dor. éb.

Superbe exemplaire du PREMIER TIRAGE.

382. Les Principales Avantures de l'admirable don Quichotte représentées en figures par Coypel, Picart et autres. *A la Haie*, *chez Pierre de Hondt*, 1746, in-4, fig., veau fauve, tr. dor.

Superbe exemplaire; les figures sont AVANT LES NUMÉROS.

383. Les Nouvelles de Miguel de Cervantes Saavedra, traduites et annotées par Louis Viardot. *Paris*, *Dubochet*, 1838, 2 vol. in-8, portr., demi-rel. mar. vert.

384. Aventures de Lazarille de Tormes, nouvelle édition, revue par M. Adr. Robert. *Paris*, *Harlieu*, 1865, 2 part. en 1 vol. in-8, fig. br.

385. Les Souffrances du jeune Werther, par Goëthe, traduites par le comte Henri de la B... (Bédoyère), seconde édition. *A Paris*, *de l'imprimerie de Crapelet*, 1845, in-8, fig., br.

386. Werther, par Goëthe, traduction nouvelle par Pierre Leroux, accompagnée d'une préface par George Sand.

Dix eaux-fortes par Tony Johannot. *Paris, V. Lecou, s. d.*, gr. in-8, fig. br.

Les gravures de Johannot sont tirées sur papier de Chine.

387. Voyages de Gulliver dans les contrées lointaines, par Swift, édition illustrée par Grandville. *Paris, Fournier*, 1838, 2 vol. in-8, front. et fig. demi-rel.

Premier tirage des gravures.

388. Clarisse Harlowe, traduction nouvelle et seule complète par Letourneur sur l'édition originale, revue par Richardson, avec figures. *Paris, Lemarchand, an X*, 1802, 14 vol. pet. in-12, fig. veau rac.

Quatorze figures de Huot, gravées par Bovinet.

---

389. Les Mille et une Nuits, contes arabes, traduits par Galland, édition illustrée par les meilleurs artistes français et étrangers, etc. *Paris, E. Bourdin, s. d.*, 3 vol. gr. in-8, br.

Premier tirage des gravures. Quelques taches d'humidité.

390. Contes inédits des Mille et une Nuits, extraits de l'original arabe, par de Hammer, traduits en français par G.-S. Trébutien. *Paris*, 1818, 3 vol. in-8, demi-rel. veau.

Exemplaire sur papier de Tilleul.

391. Les Mille et un Jours, contes persans, turcs et chinois, traduits par Petit de La Croix, Cardonne, Caylus, etc., édition illustrée. *Paris, Pourrat*, 1844, gr. in-8, fig. demi-rel.

392. Les Mille et un Jours, contes persans, turcs et chinois, traduits par Petit de La Croix, etc., augmenté de nouveaux contes par Sainte-Croix Appot. *Paris, Pourrat*, *s. d.*, gr. in-8, fig. br.

Ouvrage orné d'un grand nombre de vignettes.

VI. CRITIQUE. — MÉLANGES LITTÉRAIRES.

393. Banquet des savans, par Athénée, traduit, tant sur les textes imprimés que sur plusieurs manuscrits, par M. Lefebvre de Villebrune. *Paris, Lamy*, 1789-91, 5 vol. in-4, veau rac.

De la bibliothèque de la Malmaison.

394. Examen critique des plus célèbres écrivains de la Grèce, par Denys d'Halicarnasse, traduit en français par E. Gros. *Paris, Brunot-Labbe*, 1826, 3 vol. in-8, br.

395. Études de philologie et de critique, par M. Ouvaroff, deuxième édition. *Paris*, *F.-Didot*, 1845, gr. in-8, br.

396. Nouveaux Mémoires d'histoire, de critique et de littérature par M. l'abbé d'Artigny. *Paris*, *de Bure*, 1749-56, 7 vol. in-12, veau fauve.

Superbe exemplaire aux armes de SOUBISE.

397. Nouvelles Observations, critiques sur différens sujets de littérature, par M. Clément. *Amsterdam*, 1772, in-8, demi-rel.

398. Mélanges de littérature et de philosophie du XVIIIe siècle, par M. l'abbé Morellet. *Paris*, *Ve Lepetit*, 1818, 4 vol. in-8, br.

399. Variétés littéraires, morales et historiques, par M. S. de Sacy. *Paris*, *Didier*, 1859, 2 vol. in-8, br.

400. Variétés littéraires, morales et historiques, par S. de Sacy. *Paris*, *Didier*, 1859, 2 vol. in-8, br.

401. Livre sans nom, divisé en cinq dialogues. *Paris*, *M. Brunet*, 1695, in-12, front. veau.

402. Histoire des perruques où l'on fait voir leur origine, leur usage, etc., par J.-B. Thiers. *Paris*, 1690, in-12, veau.

VII. ÉPISTOLAIRES.

403. Marci Tulli Ciceronis epistolarum familiarium libri. (A la fin :) *Venetiis par Jacobum de Fiuizano Lunensem*, 1477, in-fol. cart. *non rogné*.

Nombreuses piqûres de vers.

404. Epistole Enee Siluii. *S. l. n. d.* (A la fin :) *Impensis Anthonii Koberger Nurember impresse*,.... 1496, in-4, vélin.

Ce volume est du petit nombre de ceux imprimés en caractères gothiques par Ant. Koberger.

405. Lettres d'Abailard et d'Héloïse, traduites sur les manuscrits de la Bibliothèque royale, par M. Oddul, précédées d'un essai historique par M. et Mme Guizot, édition illustrée par J. Gigoux. *Paris*, *Houdaille*, 1839, 2 vol. gr. in-8, fig. et vign. br.

406. Lettres de Mme de Sévigné, de sa famille et de ses amis, nouvelle édition précédée d'un essai biographique et littéraire (par Campenon) et ornée de deux portraits.

Paris, Janet et Cotelle, 1822-23, 12 vol. in-8, portr. br.

PAPIER D'ANNONAY.

407. Lettres de messire Roger de Rabutin, comte de Bussy, avec les réponses, nouvelle édition où l'on a inséré les trois volumes de nouvelles lettres publiées en 1709. *Amsterdam,* 1738, 6 vol. in-12, portr. demi-rel.

408. Lettres nouvelles de feu M. Boursault accompagnées de fables, de contes, d'épigrammes, etc., avec treize lettres amoureuses d'une dame à un cavalier. *Paris, Le Breton,* 1738, 3 vol. in-12, veau marbré.

409. Lettres inédites de Voltaire. *Paris,* 1818, in-8, portr. et fac-simile, veau.

410. Lettres inédites de Voltaire, de Mme Denis et de Collini, précédées d'un jugement sur Voltaire. *Paris,* 1821, in-8, br.

411. Lettres inédites de Voltaire à Mlle Quinault, à M. d'Argental, etc., et autres personnages remarquables. *Paris, Ant.-Aug. Renouard,* 1822, in-8, br.

412. Correspondance inédite de Voltaire avec P.-M. Hennin, publiée par M. Hennin. *Paris, Merlin,* 1825, in-8, demi-rel.

413. Lettres inédites de Voltaire, recueillies par M. de Cayrol et annotées par M. Alph. François, précédées d'une préface par M. Saint-Marc Girardin. *Paris, Didier,* 1857, 2 vol. in-8, br.

414. Les Vraies Lettres de Voltaire à l'abbé Moussinot, publiées, pour la première fois, par Courtat. *Paris, Lainé,* 1865, in-8, br.

415. Correspondance originale et inédite de J.-J. Rousseau avec Mme Latour de Franqueville et M. du Peyrou. *Paris, Giguet, an XI,* 1803, 2 vol. in-8, demi-rel.

416. Lettres inédites de J.-J. Rousseau à Marc-Michel Rey, publiées par J. Bosscha, avec deux fac-simile. *Paris, Didot,* 1858, in-8, br.

417. Correspondance littéraire, philosophique et critique de Grimm et de Diderot depuis 1753 jusqu'en 1790. Nouvelle édition. *A Paris, chez Furne et Ladrange,* 1829, 16 vol. in-8, demi-rel. dos et coins de mar. bleu, éb.

Superbe exemplaire de la meilleure édition.

418. Correspondance complète de Mme du Deffand avec la duchesse de Choiseul, l'abbé Barthélemy et M. Craufurt,

publiée avec une introduction par le marquis de Sainte-Aulaire. *Paris, M. Lévy*, 1866, 3 vol. in-8, br.

419. Correspondance inédite du comte de Caylus avec le P. Paciaudi, théatin, 1757-1765, suivie de celles de l'abbé Barthélemy et de P. Mariette avec le même, publiées par Ch. Nisard. *Paris, Imprimerie nationale*, 1877, 2 vol. in-8, portr. br.

420. Souvenirs et Correspondance tirés des papiers de Mme Récamier, deuxième édition. *Paris, Michel Lévy*, 1860, 2 vol. in-8, br.

421. Madame Récamier, les amis de sa jeunesse et sa correspondance, intime par l'auteur des Souvenirs de Mme Récamier. *Paris, Michel Lévy*, 1872, in-8, br.

422. Correspondance de Edgar Quinet. Lettres à sa mère. *Paris, G. Baillière, s. d.*, 2 vol. in-8, br.

423. Lettres posthumes de Prévost-Paradol. *Bruxelles, s. d.*, in-8, br.

---

424. Correspondance de Marguerite d'Autriche, duchesse de Parme, avec Philippe II, etc., par le baron de Reiffenberg. *Bruxelles*, 1842, gr. in-8, fac-simile, br.

Publié par la Société des bibliophiles de Belgique.

425. Correspondance inédite du prince François-Xavier de Saxe, précédée d'une notice sur sa vie par A. Thévenot. *Paris, Dumoulin*, 1875, in-8, br.

426. Lettres de Silvio Pellico recueillies et mises en ordre par M. Guillaume Stefani, traduites et précédées d'une introduction par Ant. de Latour. *Paris, E. Dentu*, 1857, in-8, portr. br.

427. Correspondance inédite et secrète du docteur B. Franklin, depuis l'année 1753 jusqu'en 1790, publiée pour la première fois en France avec des notes, additions, etc. *Paris, Jannet*, 1817, 2 vol. in-8, portr. demi-rel.

VIII. POLYGRAPHES.

428. Cicero Manucciorum commentariis illustratus antiquæque lectioni restitutus. *Venetiis, apud Aldum*, 1583, 10 part. en 5 vol. in-fol., titre gravé et titres, demi-rel. veau.

Édition formée de la réunion des différents volumes de Cicéron imprimés par Alde le jeune de 1578 à 1583 et auxquels on a mis de nouveaux frontispices. Quoique mal imprimée et sur mauvais papier, elle n'en est pas moins une des meilleures que nous ayons de cet auteur. Elle a servi de base à presque toutes celles qui ont paru depuis, et c'est la première où le texte de Cicéron soit divisé par chapitres.

429. Œuvres complètes de l'empereur Julien, traduction nouvelle, précédée d'une Etude sur Julien, par Eugène Talbot. *Paris*, *Plon*, 1863, in-8, portr. br.

430. Les Œuvres d'Estienne Pasquier contenant ses Recherches de la France, son Plaidoyé pour le duc de Lorraine, etc. *Amsterdam* (*Trévoux*), 1723, 2 vol. in-fol. veau.

431. Œuvres complètes de Pierre de Bourdeille, seigneur de Brantôme, publiées d'après les manuscrits par L. Lalanne. tome IX, *Paris*, *Renouard*, 1876, in-8, br.

Publié par la Société de l'histoire de France.

432. Œuvres complètes de Michel de l'Hospital, chancelier de France, ornées de portraits et de vues dessinées par A. Tardieu. *Paris*, *Boulland*, 1824, 5 vol. in-8, et album, br.

433. Les Œuvres de Monsieur de Balzac divisées en deux tomes. *Paris*, *Th. Jolly*, 1665, 2 vol. in-fol. portr. veau.

Belle édition et la seule que nous ayons complète de cet écrivain. Elle renferme, avec tout ce qui avait déjà paru, un grand nombre de pièces inédites.

434. Pensées de Balzac, précédées d'observations sur cet écrivain et sur le siècle où il a vécu, par M. Mersan. *Paris*, 1807, in-12, demi-rel. veau.

435. Œuvres inédites de J. de la Fontaine avec diverses pièces en prose et en vers qui lui ont été attribuées, recueillies pour la première fois par M. P. Lacroix. *Paris*, *Hachette*, 1863, in-8, br.

436. Œuvres choisies de Ch. Perrault, avec les mémoires de l'auteur et des recherches sur les contes des fées, par M. Collin de Plancy. Edition ornée d'un beau portrait. *Paris*, *Pétieux*, 1826, in-8, portr. veau gaufré.

437. Œuvres diverses de M. Pierre Bayle, contenant tout ce que cet auteur a publié sur des matières de théologie, de philosophie, etc., nouvelle édition considérablement augmentée. *La Haye*, 1737, 4 vol. in-fol. *brochés*.

Édition beaucoup plus complète que celles qui l'ont précédée.

438. Œuvres de Monsieur de Saint-Evremond, publiées sur les manuscrits, avec la Vie de l'auteur par M. des Maizeaux,

quatrième édition, enrichie de figures par B. Picart. *Amsterdam*, 1726, 5 vol. in-12, fig. — Mélanges curieux des meilleures pièces attribuées à M. de Saint-Evremond, troisième édition. *A Amsterdam*, 1726, 2 vol. in-12, front. fig. Ensemble 7 vol. in-12, front. et fig. veau fauve.

439. Œuvres de M. François de Salignac de la Mothe-Fénelon (publiées par M. l'abbé de Querbeuf). *Paris, impr. de Franç.-Ambr. Didot*, 1787-92, 9 vol. in-4. portr. et fig. veau rac.

Un superbe portrait de Fénelon gravé par A. de Saint-Aubin d'après Vivien, un portrait du duc de Bourgogne, et 23 figures d'après Coypel, Louville et autres.

440. Œuvres de Fontenelle. *Paris, Belin*, 1818, 3 vol. in-8, veau, tr. marbr.

441. Œuvres de M. l'abbé de Saint-Réal, nouvelle édition, revue, corrigée et augmentée d'un volume, enrichie de figures en taille-douce et de vignettes. *Amsterdam, L'Honoré*, 1740, 6 vol. in-12, front. et fig. veau, rac.

Très-bel exemplaire.

441 *bis*. Œuvres complètes de Rollin, nouvelle édition accompagnée d'observations et d'éclaircissements historiques, par M. Letronne. *Paris, F. Didot*, 1830-36. 30 vol. in-8 et atlas in-4, br. et rel.

441 *ter*. Œuvres complètes de Rollin, avec notes et éclaircissements, par M. Em. Bérès. *Paris, Chamerot et Lauwereyns*, 1866, 5 vol. gr. in-8, portr. et atlas, br.

Les tomes I, IV et l'atlas de l'Histoire romaine manquent à cet exemplaire.

442. Œuvres choisies de Le Sage, avec figures. *Amsterdam et Paris*, 1783, 15 vol. in-8, portr. et fig. veau marbré.

Jolies figures de Marillier.

443. Œuvres choisies de Le Sage, avec figures. *Amsterdam et Paris*, 1783, 15 vol. in-8, portr. et fig. veau éc.

Un portrait par Guétard et 34 figures par Marillier.

444. Œuvres de Montesquieu avec éloges, analyses, commentaires, etc., par Destutt de Tracy et Villemain. *Paris, Dalibon*, 1827, 8 vol. in-8, portr. br.

445. Œuvres complètes du cardinal de Bernis. *Paris, Lottin*, 1798, 3 vol. in-4, cart. n. r.

446. Œuvres complètes de Marivaux, de l'Académie française. *Paris, Ve Duchesne*, 1781, 12 vol. in-8, portr. veau éc.

447. ŒUVRES COMPLÈTES DE VOLTAIRE (avec des avertissements et des notes par Condorcet; édition procurée par les soins de Decroix et sous la direction typographique de Letellier). *S. l.* (*Kehl*), *de l'imprim. de la Société littéraire et typographique*, 1785-89, 74 vol. gr. in-8, fig. mar. vert, d. orné, dent. tr. dor. (*Rel. anc.*)

Superbe exemplaire en GRAND PAPIER VÉLIN, avec les deux suites de figures de Moreau, la première de 117 pièces; la seconde publiée par Renouard, de 155 pièces y compris un certain nombre de portraits, ainsi que 2 volumes de tables publiés en 1801 et 2 volumes de lettres inédites publiés en 1808.

Les figures de la seconde suite, pour les chants 8, 10 et 14 de la *Pucelle*, ainsi que celle du *Cadenas* et de *Ce qui plaît aux dames*, dans les Contes, sont détachées et un peu plus courtes de marges que le livre.

448. Pièces inédites de Voltaire imprimées d'après les manuscrits originaux pour faire suite aux différentes éditions publiées jusqu'à ce jour. *Paris, P. Didot l'aîné*, 1820, in-8, br.

449. Le dernier volume des Œuvres de Voltaire. Œuvres inédites, etc., précédées de l'Histoire du cœur de Voltaire, par J. Janin, préface par Ed. Didier, portrait en taille-douce de Mme la marquise du Châtelet. *Paris, Plon*, 1862, in-8, portr. br.

450. Mémoires sur Voltaire et sur ses ouvrages, par Longchamp et Wagnière. *Paris, André*, 1826, 2 vol. in-8, br.

451. Œuvres complètes de J.-J. Rousseau avec des éclaircissements et des notes historiques, par P.-R. Auguis. *Paris, Dalibon* (*impr. F.-Didot*), 1824-28, 27 vol. in-8, br.

Papier vélin.

452. Œuvres inédites de J.-J. Rousseau suivies d'un supplément à l'histoire de sa vie et de ses ouvrages, par D. Musset-Pathay. *Paris, Peytieux et Dupont*, 1825-27, 3 vol. in-8, br.

453. Œuvres et Correspondance inédites de J.-J. Rousseau, publiées par Streckeisen-Moultou. *Paris, Michel Lévy*, 1861, in-8, br.

454. J.-J. Rousseau, ses Amis et ses Ennemis, correspondance publiée par M. G. Streckeisen-Moultou, avec une introduction de J. Levallois et une appréciation par M. Sainte-Beuve. *Paris, Michel Lévy*, 1865, 2 vol. in-8, br.

455. Œuvres de Denis Diderot. *Paris, Brière*, 1821, 22 vol. in-8, portr. — Mémoires, Correspondance et Ouvrages inédits de Diderot, publiés d'après les manuscrits confiés en mourant par l'auteur à Grimm (avec des mémoires sur

Diderot, par Mme de Vanduil, sa fille). *Paris*, *Paulin*, 1830-31, 4 vol. in-8. Ensemble, 26 vol. in-8. demi-rel. dos et coins de mar. rouge, n. r.

456. Œuvres complètes d'Alexis Piron, publiées par M. Rigoley de Juvigny. *Paris, Lambert*, 1776, 7 vol. in-8, veau marbré.

457. Œuvres de M. Palissot, nouvelle édition considérablement augmentée, enrichie de figures. *Liège, Planteux*, 1777-79, 7 vol. in-8, portr. et fig. veau éc. tr. dor.

Figures de Monnet, etc.

458. Œuvres complètes de M. Palissot, nouvelle édition, revue, corrigée et augmentée. *Paris, L. Collin*, 1809, 6 vol. in-8, veau rac.

459. Œuvres de Marmontel. *Paris, Belin*, 1819, 7 vol. en 14 part., in-8, br.

460. Œuvres de d'Alembert. *Paris, Belin*, 1821-22, 5 vol. in-8, demi-rel.

461. Œuvres de Duclos. *Paris, Belin*, 1821, 6 part. en 3 vol. in-8, br.

462. Œuvres de Condorcet publiées par A. Condorcet, O'Connor et M. F. Arago. *Paris, F.-Didot*, 1847-49, 12 vol. in-8, portr. br.

463. Œuvres de Dorat. *Paris*, 1767-72, 13 vol. in-8, front fig. et vign. br. et rel.

Les Baisers, les Tourterelles de Zelmis, etc.

464. Œuvres de M. de Florian. *Paris, imprimerie de Didot l'aîné*, 1784-1806, 23 vol. in-12, fig. veau fauve.

Édition ornée d'un grand nombre de jolies gravures d'après Quéverdo, Flouest, Lebarbier et autres. Les 9 derniers vol. sont en demi-reliure, veau fauve.

465. Œuvres de Florian, de l'Académie française, nouvelle édition, ornée d'un portrait et de vingt-quatre gravures. *Paris, chez Ménard*, 12 vol. in-8, portr. et fig. cart.

466. Œuvres complètes de Champfort, recueillies et publiées par P.-R. Auguis. *Paris, Chaumerot*, 1824-25, 5 vol. in-8, br.

467. Œuvres complètes de Thomas, précédées d'une notice sur la vie et les ouvrages de l'auteur par M. Saint-Surin. *Paris, Verdière*, 1825, 6 vol. in-8, portr. br.

468. Œuvres de Rulhière (avec une notice sur sa vie, par

M. Auguis). *Paris, Ménard et Desenne,* 6 vol. in-8, portr. demi-rel. veau fauve.

469. Œuvres complètes de Volney, mises en ordre et précédées de la vie de l'auteur. *Paris, Bossange,* 1821, 8 vol. in-8, portr. et planches, demi-rel. n. r.

470. Œuvres complètes de Pierre-Augustin Caron de Beaumarchais. *Paris, Collin,* 1809, 7 vol. in-8, portr. et fig. demi-rel. veau fauve, n. r.

Figures au trait.

471. Œuvres de C.-A. Demoustier. *Paris, Ant.-Aug. Renouard,* 1809, 8 tomes en 5 vol. in-8, portr. et fig. de Moreau, veau.

472. Œuvres complètes de J.-H. Bernardin de Saint-Pierre, mises en ordre et précédées de la vie de l'auteur, par L. Aimé-Martin. *Paris, Méquignon-Marvis,* 1818, 2 vol. in-8, portr. et fig. — Correspondance de J.-H. Bernardin de Saint-Pierre, par L. Aimé-Martin. *Paris, Ladvocat,* 1826, 3 vol. in-8. — Mémoires sur la vie et les ouvrages de J.-H. Bernardin de Saint-Pierre, par L. Aimé-Martin. *Paris,* 1826, in-8. Ensemble 16 vol. in-8, demi-rel. veau vert, n. r.

473. Œuvres de J.-H. Bernardin de Saint-Pierre, mises en ordre par L. Aimé-Martin. *Paris, Dentu,* 1840, 2 vol. gr. in-8, portr. et fig. demi-rel. chag. vert.

Très-jolies figures de Corbould pour Paul et Virginie et la Chaumière indienne.

474. Œuvres de Jacques Delille. *Paris, Giguet et Michaud,* 1804-1812, 18 vol. in-4, portr. et fig. cart. n. r.

Superbe exemplaire en GRAND PAPIER VÉLIN.

475. ŒUVRES DE J. DELILLE, nouvelle édition. *Paris, Michaud,* 1824, 16 vol. gr. in-8, fig. et vign. cart. n. r.

GRAND PAPIER JÉSUS VÉLIN avec doubles épreuves des figures sur chine AVANT LA LETTRE et sur blanc, ainsi que les vignettes des titres tirées sur chine en doubles épreuves noir et bistre.

476. Œuvres complètes de M. de Lantier, ornées de jolies vignettes d'après les dessins de Chasselat, Lafite, etc. *Paris, A. Bertrand,* 1826, 2 vol. in-8, fig. veau.

477. Œuvres complètes de Chateaubriand, augmentées d'un essai sur la vie et les ouvrages de l'auteur (par Delandine de Saint-Esprit). *Paris,* 1852, 16 vol. in-8, port. et fig. br.

478. Œuvres de M. Ballanche, de l'Académie de Lyon. *Paris, Barbezat*, 1830, 4 vol. in-8, br.

479. Œuvres complètes de F. de Lamennais, revues et mises en ordre par l'auteur. *Bruxelles*, 1839, 2 vol. gr. in-8, br.

480. Œuvres inédites de F. Lamennais, publiées par A. Blaise. *Paris, Dentu*, 1866, 2 vol. in-8, br.

481. Œuvres politiques et littéraires d'Armand Carrel, mises en ordre, annotées et précédées d'une notice biographique sur l'auteur, par M. Littré. *Paris, Chamerot*, 1857-59, 5 vol. in-8, br.

482. Guizot. Œuvres diverses. Études sur les beaux-arts, in-8. — Histoire de la civilisation en Europe, in-8. — Mélanges biographiques et littéraires, in-8. — Corneille et son temps, in-8. — Discours académiques, in-8. — De la peine de mort, in-8. — Abailard et Héloïse, in-8. Ensemble 7 vol. in-8, br.

483. Guizot. Œuvres diverses. La Chine et le Japon, 2 vol. in-8. — L'Eglise et la société chrétienne, in-8. — Mélanges politiques et historiques, in-8. — Histoire de la civilisation en Europe, in-8. — Méditations et études morales, in-8, br. Ensemble 6 vol. in-8, br.

---

484. Œuvres de Machiavel, nouvelle édition, augmentée de l'Anti-Machiavel et autres pièces. *La Haie*, 1743, 6 vol. in-12, vélin.

485. Œuvres complètes de Machiavel, traduites par J.-V. Périès. *Paris, Michaud*, 1823-26, 12 vol. in-8, pl. demi-rel. chag. vert, tr. jasp.

486. Œuvres du philosophe Sans-Souci. *Au Donjon du Chasteau*, 1750, 2 vol. in-8, pl. veau.

Papier de Hollande.

487. Œuvres du philosophe Sans-Souci, dernière édition, enrichie de variantes. *Francfort et Leipzig*, 1772, 2 vol. in-12, bas.

488. Œuvres du prince de Ligne, précédées d'une introduction par Albert Lacroix. *Paris, Bolmé*, 1860, 4 vol. in-12. — Mémoires du prince de Ligne suivis de pensées et précédés d'une introduction, par Albert Lacroix. *Paris, Bolmé*, in-12. Ensemble 5 vol. in-12, br.

489. Œuvres complètes de W. Robertson, traduites de l'anglais par MM. Suard, Morellet et Campenon, précédées

d'un Essai sur la vie de Robertson, par M. Campenon. *Paris, Janet et Cotelle*, 1829-35, 12 vol. in-8, veau éc.

490. Œuvres diverses de Pope, traduites de l'anglois, nouvelle édition considérablement augmentée, avec de très-belles figures en taille-douce. *Amsterdam, Arkstée et Merkus*, 1754, 6 vol. in-12, portr. et fig. bas.

COLLECTIONS.

491. Panthéon littéraire. *Paris*, 1831-47, 8 vol. gr. in-8. br.

Ces 8 volumes sont composés des ouvrages suivants : Thucydide et Xénophon, 1 vol.; Rollin, 2 vol.; les Vieux Conteurs français, 1 vol.; les Petits Poètes grecs, 1 vol.; Choix de moralistes français, 1 vol. et les Œuvres de Robertson, 2 vol.

492. Lot de 12 brochures publiées par la Société des bibliophiles français et autres, in-12 et in-8, br.

493. BIBLIOTHÈQUE LATINE-FRANÇAISE, publiée par C.-L.-F. Panckoucke. *Paris, Panckoucke*, 1826-48, 211 vol. in-8, et 2 atlas in-4, br.

Exemplaire bien complet.

494. La même. Seconde série. *Paris, Panckoucke*, 1842-49, 31 vol. in-8, br.

Les œuvres de Sulpice Sévère, publiées en 1848-49, 2 volumes, manquent à cet exemplaire.

495. La même. Seconde série, 7 vol. in-8, br.

Columelle, 3 vol.; Palladius, 1 vol.; Arborius, etc., 1 vol.; Lucilius, etc., 1 vol.; Censorinus, etc., 1 vol.

496. BIBLIOTHÈQUE ELZÉVIRIENNE. *Paris*, *Jannet*, 163 vol. in-12, cart.

On y remarque : Le Chevalier de La Tour Landry, 1 vol.; La Bruyère, 2 vol.; les Mémoires de l'Académie de peinture, 2 vol.; Villon, 1 vol.; Regnier, 1 vol., etc.

HISTOIRE.

I. CHRONOLOGIE. — HISTOIRE UNIVERSELLE.

497. Fasciculus temporum omnes antiquorum cronicas complectens (auctore Wernero Rolwinck Carthusiensis). (A la fin:) *Mathias rex hungaror. e manibus divi Frederici romanor. cesaris subacta ditioni sue Austria apud Wiennam rebus humanis feliciter exemptus est anno* 1490; in-fol. goth. fig. sur bois, dérelié.

498. L'Art de vérifier les dates des faits historiques, des inscriptions, des chroniques, etc., avant l'ère chrétienne, par un religieux de la congrégation de Saint-Maur, imprimé pour la première fois sur les manuscrits par M. de Saint-Allais. *Paris*, 1820; in-fol. demi-rel. mar. rouge n. r.

499. L'ART DE VÉRIFIER LES DATES des faits historiques, des chartes, etc., depuis la naissance de Jésus-Christ (par D. M.-Fr. d'Antiné, D. Clémencet et D. Durand; continué et publié par D. F. Clément). *Paris, Jombert,* 1783-87, 3 vol. in-fol. veau.

500. Les Fastes universels, ou Tableaux historiques, chronologiques et géographiques, contenant, siècle par siècle : 1° l'origine, les progrès... de tous les peuples; 2° les précis des époques et des évènements politiques, etc., etc., par M. Buret de Longchamps; deuxième éd. *Bruxelles, Whalen,* 1832, in-fol. obl. demi-rel.

Ouvrage utile et le fruit d'un travail immense.

501. Cours d'Études historiques, par C.-F. Daunou. *Paris, Didot*, 1842-49, 20 vol. in-8, br.

502. Cornelius Nepos. De Vita excellentium imperatorum. *Parisiis, F. Léonard.* 1675, in-4, front. veau.

503. Valerius Maximus cum commento Oliverii Arzignanensis Vicentini. *Venetiis,* 1497, in-fol. veau, *avec ais en bois.*

Superbe exemplaire.

504. Georgii Horni Arca Mosis sive Historia mundi quæ complectitur primordia rerum naturalium omniumque artium ac scientiarum. *Magdeburgi, J. Luderderwalde*, 1669, in-12, front. dérel.

505. Introduction à l'Histoire moderne, générale et politique de l'univers, commencé par le baron de Pufendorf, augmenté par M. Bruzen de la Martinière. *Paris, Mérigot*, 1753-59, 8 vol. in-4, vign. pl. veau marbré.

Ouvrage enrichi d'un grand nombre de vignettes et de culs-de-lampe d'Eisen et de cartes.

506. L'Univers, histoire et description de tous les peuples. *Paris, Didot*, 1843-53, 64 vol. in-8, fig. dem. rel.

II. GÉOGRAPHIE.

507. Novus Atlas, das ist Abbildung und Beschreibung von allen Landern des Erdreichs ganz verneuet und verbessert. *Amsterdam, Guil. Blaeu*, 1635, in-fol. cartes, col. veau.

508. Atlas universel de géographie ancienne et moderne, précédé d'un Abrégé de géographie physique et historique, par M. Lapie. *Paris, Lehuby*, 1851, in-fol. pl. demi-rel. mar. brun.

509. Catalogue des Cartes géographiques, topographiques et marines de la bibliothèque du prince A. Labanof de Rostoff. *Paris, F. Didot*, 1832, in-8 mar. violet, dos orné milieux, tr. dor. (*Thouvenin.*)

510. Historiale Description de l'Afrique..., escrite par Jean Léon, Africain, premièrement en langue arabe, puis en toscane, et à présent mise en françois (par Jean Temporal). *Lyon, J. Temporal*, 1556, 2 tomes en un vol. in-fol. fig. veau.

Exemplaire dont le titre manque et dont les figures et cartes sont coloriées.

III. VOYAGES.

511. Bibliothèque universelle des voyages effectués par mer ou par terre dans les diverses parties du monde, depuis les premières découvertes jusqu'à nos jours, par Albert Montémont. Paris, 1833-36, 46 vol. in-8 br.

512. Collection de voyages modernes, traduits de l'anglais. *Paris, Gide*, 1819, 25 vol. in-8, fig. et pl. br.

513. Abrégé des voyages modernes depuis 1780 jusqu'à nos

jours, par M. Eyriès. *Paris*, *Ledoux*, 1822-24, 13 vol in-8, fig. veau rac.

514. Journal du voyage de Vasco da Gama en 1497, traduit du portugais par A. Morellet. *Lyon*, *L. Perrin*, 1864, in-4 portr. br.

515. Les Voyages advantureux de Fernand Mendez Pinto, fidèlement traduits de portugais en françois par le sieur Bernard Figuier. *Paris*, *A. Cotinet*, 1645, in-4.

516. Voyage de La Pérouse autour du monde, publié conformément au décret du 22 avril 1791, et rédigé par M. L.-A. Millet-Mureau. *Paris*, *an V* (1797), 4 vol. in-4, portr. et atlas gr. in-fol. de pl. demi-rel. veau.

517. Relation du voyage à la recherche de La Pérouse, fait par ordre de l'Assemblée constituante pendant les années 1791, 1792, et pendant la 1re et la 2e année de la République françoise, par le comte Labillardière. *Paris*, *L.-J. Jansen*, *an VIII*, 2 vol. in-4 et atlas de pl. demi-rel. veau.

518. Voyage de découvertes autour du monde et à la recherche de La Pérouse (par Dumont d'Urville). *Paris*, *Roret*, 1832-34, 5 tomes en 10 vol. in-8, fig. et atlas in-fol. br.

519. Journal de la navigation autour du globe de la frégate la *Thétis* et de la corvette l'*Espérance*, pendant les années 1824, 25 et 26, publié par M. le baron de Bougainville. *Paris*, *A. Bertrand*, 1837, 2 vol. in-4 et atlas in-fol. de pl. demi-rel. mar. br. vert.

520. Voyage autour du monde exécuté sur la corvette la *Coquille*, pendant les années 1822, 23, 24 et 25, publié par M. L.-J. Duperrey. *Paris*, *A. Bertrand*, 1829, 3 tomes en 2 vol. in-4 et atlas pl. demi-rel. mar. vert.

521. Relations historiques, politiques et familières, en forme de lettres, sur divers usages, arts, sciences, etc., recueillis dans ses différents voyages et résumés par le chev. de Dominicis. *Saint-Pétersbourg*, 1824, 2 vol. in-8, fig. demi-rel.

522. Histoire des naufrages, ou Recueil des relations les plus intéressantes des naufrages, hivernements, etc., par Deperthes. *Paris*, *Ledoux*, 1815, 3 vol. in-8, fig. demi-rel. veau.

523. Voyages pittoresques et romantiques dans l'ancienne France, par MM. Ch. Nodier, J. Taylor et Alph. de Cail-

leux (ancienne Normandie). *Paris, imp. de P. Didot*, 1820, 2 vol. in-fol. pl. demi-rel. mar. rouge, n. r.

524. Voyage pittoresque en Bourgogne, ou Description historique et vues des monuments antiques, modernes et du moyen âge, dessinés d'après nature par différents artistes. Première partie : départ. de la Côte-d'Or. *Dijon*, 1823, in-fol. fig. demi-rel. dos et coins de veau brun, n. r.

Avec les 62 figures tirées sur CHINE.

525. Relation du voyage de S. M. Charles X en Alsace, par J. Fargès-Méricourt. *Strasbourg*, 1829, in-4, fig. cart. n. r.

526. Voyage de Lister à Paris en 1698, traduit pour la première fois, publié et annoté par la Société des bibliophiles français. *Paris*, 1873.

527. Voyage sentimental, suivi des Lettres d'Yorick à Eliza, par Laurent Sterne, en anglais et en français, nouvelle édition, ornée de six figures dessinées par Monsiau et gravées par les meilleurs artistes. *Paris, G. Dufour, s. d.* (*an VII*). 2 vol. gr. in-4, fig. demi-rel. mar. rouge n. r.

PAPIER VÉLIN; figures AVANT LA LETTRE.

528. Voyage sentimental, traduction nouvelle, précédée d'un Essai sur la vie et les ouvrages de Sterne, par M. J. Janin ; édition illustrée par MM. Tony Johannot et Jacque. *Paris, E. Bourdin, s. d.*, gr. in-8, fig. demi-rel. mar. violet, tr. dor.

PREMIER TIRAGE des gravures sur chine.

529. VOYAGE pittoresque et historique de l'Espagne, par Alexandre de Laborde. *Paris, imp. de P. Didot l'aîné*, 1807-20, 4 vol. in-fol. pl. en feuilles.

PAPIER VÉLIN avec les épreuves dites AVANT LA LETTRE, c'est-à-dire avec le parallélogramme qui sépare l'explication en français et en anglais, au trait seulement.

530. Voyage pittoresque par Mayence, Aix-la-Chapelle, Bruxelles, etc., avec l'explication de trente-deux gravures représentant les vues prises sur les bords du Rhin, de la Meuse, etc., par M. Gardnor. *Londres, Galabin*, 1792, in-8, fig. cuir de Russie.

531. Relation d'un voyage dans la mer du Nord, aux côtes d'Islande, du Groenland, de Ferro, de Shetland, des Orcades et de Norwège, fait en 1767 et 1768 par M. Kerguelen-Tremarec ; ouvrage enrichi de planches. *Amsterdam et Leipzig*, 1772, in-4, fig. et pl. cart.

532. Voyage en Islande, fait par ordre de S. M. danoise, avec un atlas, traduit du danois par Gauthier de Lapeyronnie. *Paris*, 1802, 5 vol. in-8 et atlas, demi-rel.

533. Lettres sur la Suisse, écrites en 1820, suivies d'un voyage à Chamounix et au Simplon. *Paris*, *Nepveu*, 1822, in-8, br.

534. Lettres sur la Suisse, écrites en 1819, 1820, 1821, par M. Raoul-Rochette; seconde édition, soigneusement revue et corrigée, ornée de gravures d'après Köning et autres paysagistes célèbres. *Paris*, *Nepveu*, 1823-26, 3 vol. in-8, fig. br.

535. Voyage en Italie, par H. Taine. *Paris*, *Hachette*, 1866, 2 vol. in-8, br.

536. VOYAGE PITTORESQUE, ou Description des royaumes de Naples et de Sicile, contenant un précis historique de leurs révolutions, les cartes, plans et vues du royaume et de la ville de Naples, ses palais, ses églises, ses tombeaux, etc. (par l'abbé de Saint-Non). *Paris*, 1781-86, 4 tomes en 5 vol. gr. in-fol. fig. — Recueil de griffonis, de vues, paysages, fragments antiques et sujets historiques, gravés tant à l'eau-forte qu'au lavis par M. l'abbé de Saint-Non. *S. l. n. d.* In-fol. titre gravé, pl. Ensemble 6 vol. gr. in-fol., fig. veau marbré, dent. tr. dor. (*Rel. anc.*)

Superbe exemplaire en GRAND PAPIER DE HOLLANDE, avec les figures AVANT LA LETTRE. La planche de la page 52 du tome II, et les 14 planches de médailles anciennes qui manquent à beaucoup d'exemplaires, se trouvent dans celui-ci.

537. VOYAGE PITTORESQUE des isles de Sicile, de Malte et de Lipari, où l'on traite des antiquités qui s'y trouvent encore, des principaux phénomènes que la nature y offre, du costume des habitants et de quelques usages, par Jean Houel. *Paris, imp. de Monsieur*, 1782-87, 4 vol. gr. in-fol. pl. veau marbré, dent. tr. dor. (*Rel. anc.*)

Orné de 264 figures au bistre.

538. Voyage pittoresque en Sicile, dédié à Mme la duchesse de Berry (par Ach.-Et. Gigault de la Salle). *Paris, imp. de P. Didot l'aîné*, 1822-26, 2 vol. gr. in-fol. fig. demi-rel. mar. rouge.

PAPIER VÉLIN. Ouvrage composé de 92 planches, avec texte historique et descriptif.

539. Voyage pittoresque de la Grèce, par M. le comte de Choiseul-Gouffier. *Paris*, 1782-1824, 2 tomes en 5 vol. in-fol. portr. et fig. cart. n. r.

Superbe exemplaire du second tirage.

540. Voyage dans la Grèce, comprenant la description de l'Epire, de l'Illyrie grecque, de la Macédoine, etc., par F. Pouqueville; ouvrage orné de figures et enrichi de cartes géographiques. *Paris*, *F. Didot*, 1820-21. 5 vol. in-8, fig. et cartes. demi-rel. veau.

541. Voyage de la Grèce, par Pouqueville, avec cartes, vues et figures; deuxième édition, revue, corrigée et augmentée. *Paris, Didot*, 1826-27, 6 vol. in-8, fig. et cartes, br.

542. La Grèce, vues pittoresques et topographiques, dessinées par O.-M., baron de Stackelberg (et lithographiées par les meilleurs artistes). *Paris, Ostervald*, 1834, 2 vol. in-fol. fig. demi-rel.

La première partie de cet ouvrage est consacrée au Péloponnèse et renferme 68 vues, dont 15 doubles, et 11 vignettes; la seconde, qui a pour objet la Grèce septentrionale, se compose de 61 vues, dont 12 doubles, et 11 vignettes.

543. Voyage du duc de Raguse en Hongrie, en Transylvanie, etc. *Paris*, *Ladvocat*, 1837-39, 5 vol. in-8 et atlas in-4, br.

544. Voyage en Pologne, Russie, Suède, Danemarck, etc., par M. William Coke, traduit de l'anglais, et augmenté d'un voyage en Norvège, par M. P.-H. Mallet. *Genève*, 1786, 4 vol. in-8, cartes, br.

545. Voyage de Vienne à Belgrade et à Kilianova, etc., fait par N.-E. Kleeman; on y a joint la description des choses les plus remarquables concernant la Crimée. *Neuchâtel*, 1780, in-8, veau.

546. Voyage en Russie, en Tartarie et en Turquie, par M. Edouard-Dan. Clarke, traduit de l'anglais avec plans et cartes géographiques. *Paris*, *Fantin*, 1812, 2 vol. in-8, pl. demi-rel. dos et coins de veau fauve, tr. mar.

547. Six mois en Russie. Lettres écrites à M. X.-B. Saintine en 1826, par M. Ancelot. *Paris*, *Dondey-Dupré*, 1827, in-8, demi-rel.

548. Voyage dans la Russie méridionale, et particulièrement dans les provinces situées au-delà du Caucase, fait depuis 1820 jusqu'en 1824, par le chevalier Gamba, avec quatre cartes géographiques. *Paris*, 1826, 2 vol. in-8, cartes, bas.

549. Voyage dans la Russie méridionale et la Crimée, par la Hongrie, la Valachie et la Moldavie, exécuté en 1837 sous la direction de M. Anat. Demidoff. *Paris*, *S. Bourdin*,

1840-42, 4 vol. in-8, fig. atlas et album de gravures, cart.

Ouvrage orné de nombreuses gravures de Raffet; toutes sont tirées sur papier de Chine. Toutes les planches sont coloriées.

550. Tableau physique et topographique de la Tauride, tiré du Journal d'un voyage fait en 1794 par P.-S. Pallas. *Saint-Pétersbourg*, 1795, in-4, br.

551. Nouvelle Relation de l'intérieur du sérail du Grand Seigneur, contenant plusieurs singularitez qui jusqu'icy n'ont point esté mises en lumière, par J.-B. Tavernier. *Amsterdam*, 1678 (*Elz.*), in-12, demi-rel.

552. Voyage pittoresque de Constantinople et des rives du Bosphore, d'après les dessins de M. Mellings, publié par MM. Treuttel et Würtz. *Paris, imp. de P. Didot*, 1819, 2 vol. gr. in-fol. pl. demi-rel.

Ouvrage orné de 48 planches.

553. Voyage pittoresque dans l'empire ottoman, en Grèce, dans la Troade, les îles de l'Archipel et sur les côtes de l'Asie Mineure, par M. le comte de Choiseul-Gouffier; seconde édition. *Paris*, 1842, 4 vol. in-8 et atlas, demi-rel. veau.

554. Voyage à la suite des armées alliées en Turquie, en Valachie et en Crimée, par M. Eug. Jouve. *Paris, Alph. Delhomme*, 1855, 2 vol. in-8, br.

555. Voyage au Mont Caucase et en Géorgie, par M. Jules Klaproth, avec une carte de la Géorgie. *Paris, Gosselin*, 1823, 2 vol. in-8, cart.

556. Le Caucase pittoresque, dessiné d'après nature par le prince Grégoire Gagarine, avec une introduction et un texte explicatif, par le comte Ern. de Stackelberg. *Paris, imp. Plon*, 1847, gr. in-fol. pl. col. *en feuilles*.

Ouvrage orné de 80 lithographies et chromolithographies.

557. La Souanétie libre, épisode d'un voyage à la chaîne centrale du Caucase, par Raphaël Bernoville. *Paris, Ve A. Morel*, 1875, in-4, fig. br.

558. Voyage dans l'Oural, entrepris en 1828 par A.-Th. Kupfer. *Paris, Didot*, 1833, in-8, br.

559. Les Passages de oultre mer du noble Godefroy de Buillon, qui fut roy de Hierusalem, du bon roy Sainct Loys et de plusieurs vertueux princes qui se sont croisez pour augmenter et soustenir la foy crestiẽne; avecques

autres nobles faitz des roys Despaigne et de Hongrie contre les ennemys de nostre saincte foy catholicque. *Ilz se vendent en la rue sainct Jacques à l'enseigne de léléphant devant les Mathurins. (A Paris, chez Fr. Regnault.)* In-8, goth. fig. sign. a — v 5, non compris le premier cahier de 8 ff. pour le titre, la table et les alphabets sarrasin et grec, veau.

Première édition de cet ouvrage attribué à Sébastien Mamerot. Bel exemplaire.

560. Relation journalière du voyage du Levant faict et descrit par haut et puissant seigneur Henry de Beauvais. Reveu, augmenté et enrichy par l'autheur de pourtraicts des lieux les plus remarquables. *A Nancy, par Jacob Garnich,* 1615, in-4, fig. veau fauve, tr. dor.

Un peu court de marges, qq. raccommodages.

561. Voiage de Levant, fait par le commandement du roy en l'année 1621, par le Sr D. C; seconde édition. *Paris, Adrian Taupinart,* 1632, in-4, titre gravé, pl. veau.

Intéressante relation où l'on remarque surtout une bonne description de Jérusalem.

562. Les Voyages de Jean Struys en Moscovie, en Tartarie, en Perse, aux Indes, et plusieurs autres païs étrangers ; à quoi l'on a ajouté la relation d'un naufrage... par Glanius. *Amsterdam,* 1681, 2 tomes en 1 vol. in-4, front. et fig. veau.

Jolies gravures.

563. Voyage au Levant, c'est-à-dire dans les principaux endroits de l'Asie Mineure, dans les îles de Chio, de Rhodes et Chypre, etc., enrichi de plus de deux cens tailles-douces, par Corneille Le Brun. *A Delft, chez H. de Kroonevelt,* 1700, in-fol. portr. front. et fig. veau.

564. Voyage au Levant, c'est-à-dire dans les principaux endroits de l'Asie Mineure, par Corneille Le Brun, etc., traduit du flamand. *Delft,* 1700, pet. in-fol. front. portr. et pl. veau.

565. Description of the East, and some other countries by Richard Pococke. *London,* 1743-45, 2 tomes en 3 vol. in-fol. front. et pl. demi-rel. veau.

566. Voyage en Orient (Asie Mineure et Syrie), par le comte Alex. de Laborde, MM. Becket et Hall, rédigé et publié par Léon de Laborde et Linant. *Paris, F.-Didot,* 1837-38, 2 vol. gr. in-fol. pl. demi-rel. dos et coins de mar. rouge, n. r.

Ouvrage orné de 180 planches.

567. Voyage en Sibérie, fait par ordre du roi en 1761, contenant les mœurs, les usages des Russes et l'état actuel de cette puissance, la description géographique et le nivellement de la route de Paris à Tobolsk, etc., par M. l'abbé Chappe d'Auteroche. *Paris, de Bure*, 1768, 2 tomes en 3 vol. in-4, front. fig. et atlas in-fol. veau écaille, tr. dor.

Ouvrage enrichi d'un grand nombre de figures d'après Moreau le jeune, Le Prince, etc.

568. Voyage fait par ordre de l'impératrice de Russie Catherine II, dans le nord de la Russie asiatique, dans la mer glaciale, etc., par le commodore Billings, rédigé par M. Semer et traduit de l'anglais par J. Cartera. *Paris, an X* (1802), 2 vol. in-8, veau marbré.

569. Les Nouvelles Découvertes des Russes entre l'Asie et l'Amérique, avec l'histoire de la conquête de la Sibérie et du commerce des Russes et des Chinois, traduit de l'anglais de M. Coxe. *Paris*, 1781, in-4, pl. et cartes, veau.

570. Voyage pittoresque de la Syrie, de la Phœnicie, de la Palestine et de la Basse-Égypte, grav. sur les dessins de Cassas. *Paris, an VII* (1799 et ann. suiv.), 2 vol. gr. in-fol. pl. demi-rel. dos et coins de mar. rouge.

571. Voyage en Turcomanie et à Kiva, fait en 1819 et 1820 par M. N. Mouraviev, revu par J.-B. Eyriès et Claproth. *Paris*, 1823, in-8, pl. cart. toile.

572. Les Six Voyages de J.-B. Tavernier en Turquie, en Perse et aux Indes, pendant l'espace de quarante ans, etc. *Suivant la copie imprimée à Paris* (*Elz.*) 1679, 2 vol. in-12, front. et fig. — Recueil de plusieurs relations et traitez singuliers et curieux de J.-B. Tavernier, avec la relation de l'intérieur du sérail du grand seigneur. *Suivant la copie imprimée à Paris*, 1681, in-12, fig. Ensemble 3 vol. in-12, front. et fig., veau.

573. Voyages de Corneille Le Brun par la Moscovie, en Perse et aux Indes orientales; ouvrage enrichi de plus de 320 tailles-douces des plus curieuses. *Amsterdam, Wetstein*, 1718, 2 tomes en 1 vol. in-fol. front. partr. et pl. veau.

574. Voyages très-curieux et très-renommez faits en Moscovie, Tartarie et Perse, par le Sr Adam Olearius, traduits en françois par Ab. de Wicquefort. *Amsterdam*, 1727, 2 tomes en 1 vol. in-fol. fig. — Voyages célèbres et remarquables faits de Perse aux Indes orientales par J.-Alb. de Man-

delslo, mis en ordre et publiés par Ad. Olearius et traduits en françois par de Wicquefort. *Amsterdam*, 1727, 2 tomes en 1 vol. in-fol., fig. Ensemble 4 tomes en 2 vol. in-fol. fig. veau.

575. Voyages du chevalier Chardin, en Perse et autres lieux de l'Orient, enrichis d'un grand nombre de belles figures en taille-douce; nouvelle édition, soigneusement conférée sur les trois éditions originales par L. Langlès. *Paris*, *Le Normant*, 1811, 10 vol. in-8 et atlas gr. in-fol. de 81 pl. br.

576. Histoire de la navigation de Jean-Hugues Linschot aux Indes orientales... Avec annotations de B. Paludanus sur la matière des plantes et espiceries : item quelques cartes géographiques et autres figures; troisiesme édition augmentée. *Amsterdam*, 1638, in-fol. titre gravé, fig. et pl. mar. vert, dos orné, fil. tr. dor. (*Rel. anc.*)

577. Habitants de l'Inde (composé de 42 lithographies) dessinés d'après nature par le prince Alexis Soltykoff, lithographiés à deux teintes par J. Trayer. *Paris*, *H. Gache*, *s. d.* in-fol. fig. cart.

578. Voyage de l'Arabie Pétrée, par Léon de Laborde et Linant, publié par Léon de Laborde. *Paris*, *Giard*, 1830, gr. in-fol. pl. demi-rel. mar. rouge, non rogné.

Ouvrage orné de 70 planches et de nombreuses vignettes sur bois.

579. Journal de la résidence du sieur Lange, agent de Sa Majesté impériale à la cour de Chine dans les années 1721 et 1722. *Leyde*, *Abr. Kallevier*, 1726, in-8, veau.

580. Voyages à Peking, Manille et l'Ile de France, faits dans l'intervalle des années 1784 à 1801 par de Guignes. *Paris*, *Impr. impériale*, 1808, 3 vol. in-8 et atlas, demi-rel. chagr. violet.

581. Histoire scientifique et militaire de l'expédition française en Egypte, d'après les mémoires, matériaux, documents inédits, etc., rédigés par le colonel Bory de Saint-Vincent, etc., sous la direction de X. B. Saintine, Marcel et L. Reybaud. *Paris*, 1830-36, 10 vol. in-8 et 2 atlas, plus 1 vol. de portr. demi-rel. mar. vert.

582. DESCRIPTION de l'Égypte, ou Recueil des observations et des recherches qui ont été faites en Egypte pendant l'expédition française; seconde édition, publiée par C.-L.-F. Panckoucke. *Paris*, *Panckoucke*, 1821-29, 24 vol. in-8 et 12 vol. in-fol. de pl. demi-rel. dos et coins de cuir de Russie.

583. Études africaines, pensées et récits d'un voyageur, par M. Poujoulat. *Paris, Hivert*, 1847, 2 vol. in-8, br.

584. Christophe Colomb, histoire de sa vie et de ses voyages d'après des documents authentiques tirés d'Espagne et d'Italie, par Roselly de Lorgues. *Paris, Didier*, 1856, 2 vol. in-8, portr. br.

585. Lettre de Christophe Colomb sur la découverte du nouveau monde, traduite en français, commentée, etc., par Lucien de Rosny. *Paris, J. Gay*. 1865, gr. in-8, demi-rel. chag. violet.

Tiré à 125 exemplaires.

586. Extraict ov recveil des Isles nouuellemēt trouuées en la grand mer Oceane au temps du roy Despaigne Fernād et Elizabeth sa femme, faict premièrement en latin par Pierre Martyr de Millan, et depuis translaté en languaige françoys. Item trois Narrations : dont la première est de Cuba, la seconde de la mer Oceane, la tierce la prinse de Tenustitan. *On les vend à Paris, chez Simon de Colines*. (A la fin:) *Imprimé à Paris, par Simon de Colines, libraire juré en l'Université de Paris, lan de grâce mil cinq cēs trente deux, le douzièsme jour de janvier*; pet. in-4, lettres italiques, de 8 ff. prélim. et de 207 ff. chiffrés, veau. (*Rel. du temps*.)

Superbe exemplaire.

587. Novus Orbis regionum ac insularum veteribus incognitarum una cum tabula cosmographica et aliquot aliis consimilis argumenti libellis, nunc novis navigationibus auctus, quorum omnium catalogus sequenti patebit pagina. *Basileæ, anno* 1555, in-fol. pl. veau.

Très bel exemplaire de ce livre, généralement connu sous le nom de Grynæus, qui en fut le collecteur et en a écrit la préface. Entre autres pièces curieuses, ce volume renferme la seconde et la troisième lettre de Fernand Cortez.

588. Description des Indes occidentales, qu'on appelle aujourd'huy le nouveau monde, par Antoine de Herrera, translatée d'espagnol en françois, avec la navigation du vaillant capitaine Jacques Le Maire et de plusieurs autres. *Amsterdam, Colin*, 1622, in-4, cartes et pl. vélin.

589. Voyage dans l'intérieur de la Louisiane, de la Floride occidentale et dans les isles de la Martinique et de Saint-Domingue, par C.-C. Robin. *Paris, Buisson*, 1807, 3 vol. in-8, portr. et carte, demi-rel.

590. Voyage du général Lafayette aux États-Unis d'Amé-

rique en 1824 et 1825, avec portrait et carte. *Paris, l'Huillier*, 1826, in-8, portr. et carte, br.

591. Voyage dans les deux Amériques, publié sous la direction de M. Alcide d'Orbigny. *Paris, Furne et Cie*, 1854, gr. in-8, fig. br.

IV. HISTOIRE ANCIENNE.

592. Histoire des Juifs, écrite par Flavius Joseph sous le titre de Antiquitez judaïques, traduite sur l'original grec revu sur divers manuscrits, par M. Arnauld d'Andilly. *Amsterdam, P. Mortier*, 1700, in-fol. fig. veau.

593. Recherches pour servir à l'histoire de l'Égypte pendant la domination des Grecs et des Romains, etc., par M. Letronne. *Paris, Boulland-Tardieu*, 1823, in-8, pl. br.

594. Herodoti Halicarnassei historiographi libri novem, Musarum nominibus inscripti, interprete Laurent. Val. *Coloniæ*, 1526, in-fol. — Thucydidis Atheniensis historici gravissimi historiarum Peloponnensium. (A la fin :) *Coloniæ, millesimo quingentesimo vicesimo septimo*, in-fol. — Tusculanæ q̄stiones Marci Tullii Ciceronis, novissime post omnes impressiñes excusas, etc. *Venetiis, A. Z. de Portesio*, 1516, in-fol. Ens. 1 vol. in-fol. vélin sur *ais en bois*.

595. Recherches et Dissertations sur Hérodote, par M. le président Bouhier, avec des mémoires sur la vie de l'auteur. *Dijon, de Saint*, 1746, in-4, demi-rel. n. r.

596. Histoire d'Hérodote, traduite du grec avec des remarques historiques et critiques, par Larcher; nouvelle édition, revue, corrigée et considérablement augmentée. *Paris, de Bure*, 1802, 9 vol. in-8, veau marbré.

597. Histoires d'Hérodote, traduction de P. Saliat, revue sur l'édition de 1576, avec corrections, etc., par Eug. Talbot. *Paris, H. Plon*, 1864, in-8, br.

598. Thucydidis historiarum libri, latine, Laur. Valla interprete cum epistola Barth. Parthenii ad Fr. Thronum (absque nota). In-fol. goth. de 134 ff. sign. a 2 — r 4, cart.

La moitié du dernier feuillet manque. Piqûres de vers.

599. Histoire grecque de Thucydide, accompagnée de la version latine des 13 manuscrits de la bibliothèque, etc., par J.-B. Gail. *Paris, Gail*, 1807, 12 tomes en 6 vol. in-4, front. et pl., demi-rel.

600. Quinte Curce. Historiographe ancien et moult renõmé. Contenant les belliquenx faitz darmes, conduites et astuces du pieux et victorieulx roy Alexandre le grãt. Translaté de latin en françoys et puis naguere reveu et concordé avec Plutarque, Justin et autres aucteurs. Nouvellement imprimé. *S. l. n. d.* (A la fin :) *Imprimé à Paris par Jacques le messier le penultime jour doctobre mil cinq cens trente-quatre.* In-fol. goth., demi-rel., tr. dor., et ciselée.

Bel exemplaire.

601. La Vérité sur Alexandre le Grand, par E. Littré. La Mort de Jules César, par A. Dumas, frontispice à l'eau-forte de Ulm. *Paris, Pincebourde*, 1865, in-12, front. br.

Papier de Chine, avec le frontispice en trois états.

602. Examen critique des anciens historiens d'Alexandre le Grand (par. Sainte-Croix), seconde édition, considérablement augmentée. *Paris, impr. Delance*, 1804, in-4, pl. veau rac.

603. Voyage du jeune Anacharsis en Grèce, vers le milieu du IVe siècle de l'ère vulgaire, par J.-J. Barthélemy; quatrième édition. *Paris, impr. de Didot jeune, l'an VII* (1799), 7 vol. gr. in-4, et atlas gr. in-fol. veau fauve, dos orné, dent. tr. marbrée.

Superbe exemplaire avec la grande carte de la Grèce, qui manque à presque tous les exemplaires.

604. Fêtes et Courtisanes de la Grèce, supplément aux voyages d'Anacharsis et d'Anténor, quatrième édition. *Paris*, 1821, 4 vol. in-8, fig. demi-rel. dos et coins de mar. rouge.

605. Études sur le Péloponnèse, par E. Beulé. *Paris, Didot*, 1855, in-8.

606. Caius Julius Cæsar cum commentario integro Jer.-Jac. Oberlini. *Parisiis, Dufour*, 1827, 2 vol. in-8, br.

607. Cornelii Taciti Historiæ Augustæ. (A la fin :) *Venetiis per Philippum Pinci : sumptibus dõni Benedicti Fontana*, 1497, *die* 22 *Marcii*, in-fol. dérel.

608. Caii Cornelii Taciti Equitis Ro. Germania incipit. (In fine): *Laus Deo clementissimo*, in-fol. goth. de 11 ff. sans chiffr. sign. ni récl. dérel.

Cet opuscule, très-rare, a été imprimé avec les caractères de Frid. Creusner, à Nuremberg, vers 1473. Chaque page entière a 33 lignes et la dernière 16 seulement.

609. Les Césars de l'empereur Julien, traduits du grec avec

des remarques et des preuves illustrées par les médailles et autres anciens monumens. *Paris, D. Mariette*, 1696, in-8, portr. front. et fig. veau brun.

610. Histoire des guerres faictes par l'empereur Justinian contre les Vandales et les Goths, escrite en grec par Procope, et traduite en français par M. Fumée. *Paris, Michel Sonnius*, 1587, in-fol. veau.

611. Les Césars, par le comte Franz de Champagny; deuxième édition. *Paris, Masson*, 1853, 2 vol. in-8, br.

612. Histoire des révolutions arrivées dans le gouvernement de la république romaine, par M. l'abbé de Vertot; troisième édition, augmentée. *La Haye, Scheurleer*, 1721, 3 vol. in-12, veau.

613. Histoire des empereurs romains depuis Auguste jusqu'à Constantin, par Crevier. *Paris, F.-Didot*, 1824-26, 9 vol. in-8, et atlas, in-4, br.

614. Histoire du bas empire, par Lebeau; nouvelle édition, revue entièrement, corrigée et augmentée d'après les historiens orientaux, par M. de Saint-Martin. *Paris, F.-Didot*, 1824-26, 21 vol. in-8, demi-rel. veau brun.

615. Histoire des empereurs romains jusqu'à Constantin, par M. Crevier. *Paris, Desaint et Saillant*, 1775, 12 vol. in-8, cartes, veau éc.

616. Histoire de la décadence et de la chute de l'empire romain, traduite de l'anglais d'Edouard Gibbon, nouvelle édition, entièrement revue et corrigée par M. F. Guizot. *Paris, Maradan*, 1812, 13 vol. in-8, veau racine.

617. Joannis Zonaræ monachi, qui olim Byzantii magnus Drungarius excubiarum seu Biglæ et protosecretarius fuit, cōpendium, in tres tomos distinctum. *Basileæ*, 1557, 3 tomes en 1 vol. in-fol. veau.

618. Souvenirs de Kertsch et Chronologie du royaume de Bosphore, par J. Sabatier. *Saint-Pétersbourg*, 1849, in-4, pl. col. br.

V. HISTOIRE DE FRANCE.

619. Topographia Galliæ, oder Beschreibung und Contraseitung der vornehmsten und bekanntesten Oerter in dem mächtigen und grossen Königreich Frankreich. *Franckfurt*, 1655-61, 13 part. en 4 vol. in-fol. pl. cart.

620. DESCRIPTION GÉNÉRALE ET PARTICULIÈRE DE LA FRANCE (par de Laborde), ouvrage enrichi d'estampes d'après les dessins des plus célèbres artistes. *Paris, impr. de Ph.-D. Pierre*, 1781-96, 12 vol. gr. in-fol. pl. veau marbré, dent. tr. dor. (*Rel. anc.*)

Magnifique exemplaire EN GRAND PAPIER DE HOLLANDE avec les figures AVANT LA LETTRE. En dehors des superbes planches qui ornent cet ouvrage, on y compte un grand nombre de charmantes vignettes par Moreau le jeune.

621. COLLECTION COMPLÈTE DES MÉMOIRES relatifs à l'histoire de France depuis le règne de Philippe-Auguste jusqu'au commencement du XVIIe siècle, avec des notices sur chaque auteur et des observations sur chaque ouvrage, par M. Petitot. *Paris, Foucauld*, 1819-29, 131 vol. in-8, cart. non rognés.

622. Histoire de la civilisation en France, par Guizot, 4 vol. in-8. — De la Démocratie en France, par le même, in-8. — Essais sur l'histoire de France, in-8. — Portraits politiques, in-8. Ensemble 7 vol. in-8, br.

623. Collection des cartulaires de France, publiés par M. Guérard. *Paris, impr. de Crapelet*, 1840, 2 vol. in-4, br.

624. Des Régences en France, par le prince de la Moskowa. *Paris*, 1842, gr. in-8, br.

625. Faits mémorables de l'histoire de France, par L. Michelant, précédés d'une introduction par M. de Ségur et illustrés de 120 tableaux de M. Victor Adam. *Paris, Aubert*, 1844, gr. in-8, fig. demi-rel.

626. Charlemagne, par Alphonse Vétault, introduction par Léon Gautier. *Tours, Alfred Mame*, 1877, gr. in-8, fig. br.

627. La Minorité de saint Louis, avec l'histoire de Louis XI et de Henri II, par le sieur de Varillas, seconde édition. *La Haye, A. Moetjens*, 1687, in-12, demi-rel.

628. Histoire de saint Louis, par Jehan, sire de Joinville. Les annales de son règne par Guillaume de Nangis, sa vie et ses miracles par le confesseur de la reine Marguerite, le tout publié d'après les manuscrits de la Bibliothèque du Roi, et accompagné d'un glossaire (par J.-B. Mellot, Bl. Sallier et J. Capperonnier). *Paris, Impr. royale*, 1761, in-fol. pl. veau marbré.

629. Essai sur l'histoire et la généalogie des sires de Join-

ville, 1008-1386, accompagné de chartes, et de documents inédits, par J. Simonet. *Langres*, 1875, in-8, br.

630. Œuvres de Froissart, publiées avec les variantes de divers manuscrits par M. le baron Kervyn de Lettenhove. *Bruxelles*, *Devaux*, 1870-77, 25 vol. gr. in-8, portr. br.

Papier de Hollande. Ouvrage publié par l'Académie royale de Belgique.

631. Volume premier (second et troisième) des Chroniques d'Enguerrand de Monstrelet..... reveüe et corrigée sur l'exemplaire de la librairie du roy et enrichie d'abbregez pour l'introduction d'icelle, et de tables fort copieuses (par Denys Sauvage). *Paris*, *Guillaume Chaudière*, 1572, 3 vol. in-fol. réglés, veau fauve, dos orné, fil. tr. dor. (*Rel. anc.*)

Superbe exemplaire de la meilleure édition.

632. Procès de condamnation et de réhabilitation de Jeanne d'Arc, dite la Pucelle, publiés pour la première fois par M. Jules Quicherat. *Paris*, *J. Renouard*, 1841-49, 5 vol. in-8, br.

Publié par la Société de l'histoire de France.

633. Alain le Grand, sire d'Albret, l'administration royale et la féodalité du Midi 1440-1522, par Achille Luchaire. *Paris*, *Hachette*, 1877, in-8, br.

634. Histoire d'Artus III, duc de Bretagne et connestable de France, contenant ses mémorables faicts depuis l'an 1413 jusques en l'an 1457, de nouveau mise en lumière par Théodore Godefroy. *Paris*, *Abr. Pacard*, 1622, in-4, veau marbré.

Aux armes de Caumartin Saint-Ange.

635. Louis de la Trémoille et la guerre de Bretagne en 1488, d'après des documents nouveaux et inédits, par Arthur de la Borderie. *Paris*, *Champion*, 1877, in-4, br.

Tiré à 150 exemplaires.

636. Vie de la reine Anne de Bretagne, femme des rois de France Charles VIII et Louis XII, suivie de lettres inédites et de documents originaux, par Le Roux de Lincy. *Paris*, *Curmer*, 1860, 4 vol. in-12, phot. mar. bleu, semis d'hermines sur le dos et sur les plats, tr. dor.

637. Les Princes de l'Europe au XVIe siècle, François Ier, Philippe II, Catherine de Médicis, les sultans, etc., par M. Arm. Baschet, ouvrage enrichi de nombreux fac-simile. *Paris*, *Plon*, 1862, in-8, fac-simile br.

638. Mémoires de Marguerite de Valois, reine de France et

de Navarre, auxquels on a ajouté son éloge, celuy de M. de Bussy et de la Fortune de la Cour. *Liège, J.-F. Broncart,* 1713, in-12, portr. veau.

639. Histoire Mre Jean Boucicaut, mareschal de France, escripte du vivant dudict maréchal et nouvellement mise en lumière, par Théodore Godefroy. *Paris, A. Pacard,* 1620, in-4, demi-rel.

640. La Chronique du bon duc Loys de Bourbon, publiée pour la Société de l'histoire de France par A.-M. Chazaud. *Paris, Renourd,* 1876, in-8, br.

641. Brief et vray Récit de la prinse de Thouane et Hédin avec la bataille faite à Renty 1553-54, par Jacques Basilic Marchet. *Anvers,* 1555 (*Paris, Techener,* 1874), pet. in-8, br.

642. Lettres et négociations de Philippe de Commines, publiées avec un commentaire historique et biographique par M. le baron de Lettenhove. *Bruxelles,* 1867, 3 vol. in-8, br.

Publié par l'Académie royale de Belgique.

643. La Cronique du tres chrestien et tres victorieux roy Loys unzième du nom (que Dieu absolve) avec plusieurs histoires advenues tant es pays de France, Angleterre, que Flandres et Artois, puis l'an mil quatre cens soixante et un iusqu'en l'an mil quatre cens quatre vingtz et trois. *On les vend à Paris, én la boutique de Galliot du Pré,* 1558, in-8, demi-rel.

PREMIÈRE ÉDITION, fort rare, de la Chronique scandaleuse. Elle est attribuée à Jean de Troyes, greffier de l'Hôtel de ville de Paris.

644. Les Mémoires de messire Olivier de la Marche, avec les annotations et corrections de J. L. D. G. (Jean Lautens ou Lautte de Gand); seconde édition. *Gand, Gérard de Salenson,* 1566, in-4, vélin.

Superbe exemplaire de ces curieux mémoires.

645. Discours politiques et militaires du seigneur de la Noue, nouvellement recueillis et mis en lumière. *A Basle, de l'impr. de Fr. Forest,* 1587, in-8, cart.

Très-bel exemplaire.

646. La Légende de Charles, cardinal de Lorraine, de ses frères de la maison de Guise, descrite en trois livres par François de l'Isle. *A Reims, de l'impr. de Jacques Martin,* 1576, pet. in-8, demi-rel. veau fauve.

647. Histoire de la vie du duc d'Espernon (par Girard),

divisée en trois parties. *Paris. Aug. Courbé*, 1655, 5 part. en 1 vol. in-fol. portr. vélin.

648. Mémoires de Madame de Mornay, édition revue sur les manuscrits, publiée pour la Société de l'histoire de France, par Mme de Witt. *Paris, Ve Renouard*, 1868-69, 2 vol. in-8, br.

649. Histoire universelle de J.-A. de Thou, depuis 1543 jusqu'en 1607, traduite sur l'édition latine de Londres. *Londres* (*Paris*), 1734, 16 vol. in-4, port. veau.

Bel exemplaire de la meilleure édition.

650. Journal inédit du règne de Henri IV, 1598-1602, par Pierre de l'Estoile, publié d'après le manuscrit de la Bibliothèque impériale par E. Halphen. *Paris, A. Aubry*, 1862, in-8, br.

651. Mémoires-journaux de Pierre de l'Estoile, édition pour la première fois complète, publiée avec de nombreux documents inédits, par MM. G. Brunet, Champollion, E. Halphen, etc., tome III. *Paris, Jouaust*, 1876, in-8, br.

652. Histoire de la mort déplorable de Henry IIII, ensemble un panégyrique et un discours funèbre, dressé à sa mémoire immortelle (par P. Mathieu). *Paris, Ve Guillemot*, 1612, in-8, front. et fig. vélin.

653. Lettres inédites d'Henri IV, et de plusieurs personnages célèbres, tels que Fléchier, la Rochefoucauld, etc., imprimées sur les originaux avec des notes et une introduction par A. Sérieys. *Paris, H. Tardieu*, 1802, in-8, br.

654. Lettres inédites de Henry IV, recueillies par le prince Aug. Galitzin. *Paris, Techener*, 1860, in-8, br.

655. Lettres inédites du roi Henri IV à M. de Sillery, ambassadeur à Rome du 1er avril au 27 juin 1600. *Paris, Aubry*, 1866, in-8, br.

656. Lettres inédites du roi Henri IV au chancellier de Bellièvre du 8 février 1581 au 23 septembre 1601, publiées d'après les manuscrits de la Bibliothèque nationale par E. Halphen. *Paris, A. Aubry*, 1872, in-8, br.

657. Discours merveilleux de la vie, actions et déportemens de Catherine de Médicis, royne mère; déclarant tous les moyens qu'elle a tenus pour usurper le gouvernement du royaume de France et ruiner l'estat d'iceluy. *S. l., selon la copie impr. à Paris*, 1649, pet. in-8, veau éc.

Mouillures et raccommodages.

658. La Chemise sanglante de Henry le Grand, nouvelle édition. *Paris, Aubry*, 1860, in-12, br.

659. Journal de Jean Héroard sur l'enfance et la jeunesse de Louis XIII 1601-1628, publié par MM. Soulié et Ed. de Barthélemy. *Paris, Didot*, 1868, 2 vol. in-8, br.

660. Le Trésor des Trésors de France, vollé à la couronne, par les incogneüs faussetez, artifices et suppositions commises par les principaux officiers de finance. Descouvert et présenté au roy Louis XIII, par Jean de Beaufort. *S. l.*, 1615, pet. in-8, mar. vert. dos orné, fil. tr. dor. (*Rel. anc.*)

Satire fort vive contre les financiers de ce temps-là.

661. Les Négociations de Monsieur le président Jeannin. *Jouxte la copie de Paris, chez Pierre Le Petit*, 1659, 2 vol. in-12, portr. cart.

Bel exemplaire de cette jolie édition, qui s'annexe à la collection des Elzevier.

662. Le Libelliste, 1651-1652, par Henry Martin. *Paris, Eugène Renduel*, 1833.

663. Choix de Mazarinades, publié pour la Société de l'histoire de France, par C. Moreau. *Paris, Renouard*, 1852, 2 vol. in-8, br.

Épuisé.

664. Mémoire confidentiel adressé à Mazarin par Gabr. Naudé après la mort de Richelieu, publié d'après le manuscrit par Alfr. Franklin. *Paris, Willem*, 1870, in-12, br.

665. Mémoires de M. le C. D. R. (le comte de Rochefort), contenant ce qui s'est passé de plus particulier sous le ministère du cardinal de Richelieu et du cardinal Mazarin, etc.; troisième édition revue et corrigée. *La Haye, H. van Bulderen*, 1689, in-12, veau.

666. Les Nièces de Mazarin, mœurs et caractères au XVIIe siècle, par Amédée Renée, édition de luxe avec portraits photographiés. *Paris, F.-Didot*, 1858, gr. in-8, phot. br.

667. Jugement de tout ce qui a esté imprimé contre le cardinal Mazarin, depuis le sixième janvier jusques à la déclaration du premier avril mil six cens quarante-neuf (par Gab. Naudé). *S. l. n. d.* (*Paris*), 1649, in-4, de 718 pp. vélin.

Superbe exemplaire de la meilleure édition. Recueil formé par G. Naudé, et connu sous le nom de Mascurat.

668. Le Cardinal de Retz et son temps, étude historique et littéraire, par Léonce Curnier. *Paris, Amyot*, 1863, 2 vol. in-8, br.

669. Le Cardinal de Retz et l'affaire du chapeau, étude historique, suivie des correspondances inédites de Retz, de Mazarin, etc., par R. Chantelauze. *Paris, Didier*, 1878, 2 vol. in-8, portr. et fac-simile, br.

670. Le Parlement et la Fronde. La Vie de Mathieu Molé, etc., par le baron de Barante. *Paris, Didier*, 1859, in-8, br.

671. Souvenirs du règne de Louis XIV, par le comte de Cosnac. *Paris, Ve J. Renouard*, 1866-78, 6 vol. in-8, br.

672. Journal des règnes de Louis XIV et Louis XV, de l'année 1701 à 1744, par Pierre Narbonne, recueilli et édité par J.-A. Le Roi. *Paris, Durand*, 1866, in-8, br.

673. Mémoires et instructions pour servir dans les négociations et affaires concernant les droits du roy de France. *Amsterdam, Ant. Michel*, 1665, in-12, pl. veau.

674. Mémoires secrets sur les règnes de Louis XIV et de Louis XV, par feu M. Duclos, troisième édition. *Paris, Buisson*, 1791, 2 vol. in-8, veau fauve.

675. Mémoires sur la vie publique et privée de Fouquet, surintendant des finances, d'après ses lettres et des pièces inédites, par A. Chéruel. *Paris, Charpentier*, 1862, 2 vol. in-8, br.

676. Journal du marquis de Dangeau, publié en entier pour la première fois par MM. Soulié, Dussieux, de Chennevières, Mantz, de Montaiglon, avec les additions inédites du duc de Saint-Simon publiées par M. Feuillet de Conches. *Paris, F.-Didot*, 1854-60, 19 vol. in-8, br.

677. Les Historiettes de Tallemant des Reaux, troisième édition, entièrement revue sur le manuscrit original par MM. Paulin Paris et Monmerqué. *Paris, Techener*, 1865, 6 vol. in-12, br.

678. Mémoires du marquis de Pomponne, publiés d'après un manuscrit inédit, par J. Mavidal. *Paris, Huet*, 1868, 2 vol. in-8, br.

679. Mémoires de Garasse (François), de la Compagnie de Jésus, publiés pour la première fois par Ch. Nisard. *Paris, Amyot*, 1860, in-12, br.

Épuisé et rare.

680. La Société française au XVIIe siècle d'après le grand

Cyrus de Mlle de Scudéry par M. V. Cousin. *Paris, Didier*, 1870, 2 vol. in-8, br.

681. Mémoires du marquis de Chouppes et du duc de Navailles et de Lavalette, revus et annotés par M. C. Moreau. *Paris, J. Techener*, 1861, in-8, br.

682. L'Histoire du sieur abbé comte de Bucquoy, singulièrement son évasion du Fort-l'Evêque et de la Bastille, par Mme du Noyer, frontispice à l'eau-forte. *Paris, Pincebourde*, 1866, in-12, front. br.

Papier de Chine, frontispice en 3 états.

683. Journal de la Régence, 1715-1723, par Jean Buvat, écrivain de la Bibliothèque du Roi, publié pour la première fois par Em. Campardon. *Paris, Plon*, 1865, 2 vol. in-8, br.

684. Mémoires du duc de Luynes sur la cour de Louis XV, 1735-1758, publiés par MM. L. Dussieux et Eud. Soulié. *Paris, F.-Didot*, 1860-65, 17 vol. in-8, br.

685. Correspondance inédite de Louis XV sur la politique étrangère avec le comte de Broglie, Tercier, etc. Étude sur le caractère et la politique personnelle de Louis XV, par Boutaric. *Paris, Plon*, 1866, 2 vol. in-8, br.

686. Journal et Mémoires de Charles Collé sur les hommes de lettres, les ouvrages dramatiques et les évènements les plus mémorables du règne de Louis XV, nouvelle édition, avec introduction et notes, par H. Bonhomme. *Paris, Didier*, 3 vol. in-8, br.

687. Mémorial pittoresque de la France, ou Recueil de toutes les belles actions, traits de courage, etc., depuis Henri IV jusqu'à nos jours, par M. L. B.; avec des planches gravées en couleur par M. de Machy. *Paris, Didot*, 1786, in-4, fig. veau éc.

Ouvrage orné de très-jolies gravures.

688. Souvenirs de la maréchale princesse de Beauvau, suivis des mémoires du maréchal prince de Beauvau, recueillis et mis en ordre par Mme Standish. *Paris, L. Techener*, 1872, in-8, portr. br.

689. Les Dîners du baron d'Holbach, dans lesquels se trouvent rassemblés, sous leurs noms, une partie des gens de la Cour, etc., par Mme de Genlis. *Paris, Trouvé*, 1822, in-8, br.

690. Autrefois, ou le Bon vieux temps, types français du XVIIIe siècle, texte par MM. Audebrand, Roger de Beau-

voir, etc., vignettes par MM. Tony Johannot, Gavarni, etc. *Paris, Challamel, s. d.*, gr. in-8, br.

691. Mémoires historiques et politiques du règne de Louis XVI, depuis son mariage jusqu'à sa mort, par J.-L. Soulavie. *Paris, Treuttel et Würtz*, 1801, 6 vol. in-8, fig. dérel.

692. Mémoires ou Souvenirs et Anecdotes, par M. le comte de Ségur, ornés de son portrait, d'un fac-simile de son écriture, etc. *Paris, A. Eymery*, 1827, 3 vol. in-8, portr. fac-simile, demi-rel. cuir de Russie.

693. Mémoires ou Souvenirs et Anecdotes, par M. le comte de Ségur. *Paris, Lecointe*, 1842, 3 vol. in-8, br.

694. Mémoires sur la Vie privée de Marie-Antoinette, suivis de Souvenirs et Anecdotes historiques sur les règnes de Louis XIV, de Louis XV et de Louis XVI, par Mme Campan, publiés et mis en ordre par Barrière. *Paris, Baudouin*, 1826, 2 vol. in-8, demi-rel.

695. Mémoires inédits du comte de Lamotte-Valois sur sa vie et son époque, publiés par Louis Lacour. *Paris, Poulet-Malassis*, 1858, in-12, br.

696. Introduction aux mémoires sur la Révolution française, ou Tableau comparatif des mandats et pouvoirs donnés par les provinces à leurs députés, par F. Grille. *Paris, Pichard*, 1825, 2 vol. in-8, br.

697. Collection des mémoires relatifs à la révolution française avec des notices sur leurs auteurs, par MM. Berville et Barrière. *Paris, Baudoin*, 1820-26, 53 vol. in-8, cart. n. r.

Les mémoires du duc de Gaëte, 2 volumes, et les mémoires du duc de Montpensier, manquent à cet exemplaire.

698. Mémoires inédits de Pétion et mémoires de Buzot et Barbaroux, accompagnés de notes inédites de Buzot et de nombreux documents inédits sur Buzot, Barbaroux, Brissot, etc., précédés d'une introduction par C.-A. Dauban. *Paris, Plon*, 1866, in-8, portr. br.

699. Histoire des Constituants, par A. de Lamartine. *Paris, V. Lecou*, 1855, 4 vol. in-8, br.

700. Le Sens commun, ouvrage adressé aux Américains. *Paris, Gueffier*, 1791, in-8, demi-rel.

701. Portfoglio ou Atlas des constitutions qui ont régi la France, avec les portraits des hommes célèbres qui les ont fait adopter, précédé d'un Résumé de l'histoire parle-

mentaire de France depuis 1789 jusqu'à nos jours. *Paris, Dussillon, s. d.*, in-fol. pl. cart.

702. Mémoires sur Carnot, 1753-1823, par son fils. *Paris, Pagnerre*, 1861-64, 2 tomes en 4 vol. in-8, portr. br.

703. Mémoires de Mirabeau. *Paris, Guyot*, 1834-35, 8 vol. in-8, br.

704. Étude sur Mirabeau, par Victor Hugo. *Paris, Ad. Guyot*, 1834, in-8, br.

705. Histoire de la Convention nationale, par M. de Barante. *Paris, Furne*, 1851-53, 6 vol. in-8, br.

706. Débats de la Convention nationale, ou Analyse complète des séances, avec les noms de tous les membres pétitionnaires ou personnages qui ont figuré dans cette assemblée. *Paris, Bossange*, 1828, 5 vol. in-8. — Papiers inédits trouvés chez Robespierre, Saint-Just, Payan, etc., supprimés ou omis, par Courtois. *Paris, Baudoin*, 1828, 3 vol. in-8. Ensemble, 8 vol. in-8, br.

707. Révélations puisées dans les cartons des Comités de salut public ou de sûreté générale, ou Mémoires inédits de Senart, publiés par Alexis Dumesnil. *Paris*, 1824, in-8, br.

708. Histoire du Directoire de la République française, par M. de Barante. *Paris, Didier*, 1855, 2 vol. in-8, br.

709. Mémoires des Contemporains, pour servir à l'histoire de France et principalement à celle de la République et de l'Empire. *Paris, Bossange*, 1824, in-8, fac-simile et carte, demi-rel.

710. Histoire de Napoléon, par M. de Norvins, ornée de portraits, vignettes, cartes et plans. *Paris*, 1827, 4 vol. in-8, port. et fig., demi-rel. pl.

711. Cérémonial de l'Empire français, par L.-J. P***, avec les portraits de l'Empereur, de l'Impératrice et du Pape, revêtus de leurs habits de cérémonies. *Paris*, 1805, in-8, portr. col, demi-rel.

712. Mémorial de Sainte-Hélène, par le comte de Las Cases, suivi de Napoléon dans l'exil, etc. *Paris, E. Bourdin*, 1842, 2 vol. in-8, portr. front. et fig. demi-rel. dos et coins de mar. vert, tête dor. éb. (*Smeers*).

713. Mémoires et Correspondance du roi Jérôme et de la reine Catherine. *Paris, Dentu*, 1861-66, 7 vol. in-8, portr. br.

714. Mémoires du comte Beugnot, ancien ministre, 1783-1815, publiés par le comte Albert Beugnot, son fils. *Paris, Dentu*, 1868, 2 vol. in-8, br.

715. Mémoires du duc de Raguse, de 1792 à 1832, imprimés sur le manuscrit original de l'auteur, etc. *Paris, Perrotin*, 1857, 9 vol. in-8, portr. et fac-simile, br.

716. Mémoires de M. Bourrienne, ministre d'État, sur Napoléon, le Directoire, le Consulat, etc. *Paris, Ladvocat*, 1829, 10 vol. in-8, demi-rel. veau.

717. Bourrienne et ses erreurs volontaires et involontaires, ou Observations sur ses mémoires, par MM. le général Belliard, Gourgaud, etc. *Paris, Heideloff*, 1830, 2 vol. in-8, demi-rel. veau.

718. Mémoires d'un ministre du Trésor public, 1780-1815. *Paris, Fournier*, 1845, 4 vol. in-8, br.

719. Mémoires du marquis de Boissy, 1798-1866, rédigés d'après ses papiers par Paul Breton, précédées d'une lettre-préface par Mme la marquise de B. *Paris, Dentu*, 1870, 2 vol. in-8, portr. br.

720. Mémoires du comte Miot de Mélito, ancien ministre, ancien ambassadeur, conseiller d'Etat, etc. *Paris, Michel Lévy*, 1858, 3 vol, in-8, br.

721. Correspondance diplomatique de Joseph de Maistre, 1811-1817, recueillie et publiée par Alb. Blanc. *Paris, Michel Lévy*, 1861, 2 vol. in-8, br.

722. Mémoires politiques et Correspondance diplomatique de Joseph de Maistre, avec explications et commentaires historiques, par Alb. Blanc. *Paris, Michel Lévy*, 1863, in-8, br.

723. Histoire des deux Restaurations jusqu'à l'avènement de Louis-Philippe, de janvier 1813 à octobre 1830, par Ach. de Vaulabelle, sixième édition, revue avec le plus grand soin par l'auteur. *Paris, Garnier, s. d.*, 8 vol, in-8, br.

724. Le Sang des Bourbons, galerie historique des rois et princes de cette maison depuis Henri IV jusqu'à nos jours, par Jacquelin. *Paris, Egron*, 1819, 2 vol. in-4, portr. cart. n. r.

725. Histoire de la Restauration, par A. de Lamartine, ornée de 32 magnifiques portraits. *Paris, Pagnerre*, 1853, 8 vol. in-8, portr. br.

726. Le Ministère de Martignac, sa vie politique et les der-

nières années de la Restauration, par Ern. Daudet. *Paris, Dentu*, 1875, in-8, br.

727. La Révolution de 1830 et le parti révolutionnaire, ou Vingt mois et leurs résultats, par M. de Salvandy, nouvelle édition. *Paris, Didier*, 1855, in-8, br.

728. Commentaire sur la Charte constitutionnelle. *Paris*, in-8.—Supplément aux Mémoires et souvenirs de M. Gaudin, duc de Gaëte. Paris, 1834, in-8. En un vol. in-8, demi-rel. veau fauve.

729. Mémoires pour servir à l'histoire de la société polie en France, par P.-L. Rœderer. *Paris, Didot*, 1825, in-8, br.

Ouvrage non mis dans le commerce, et très-rare. Envoi d'auteur.

730. Histoire parlementaire de France, Recueil complet des discours prononcés dans les Chambres, de 1819 à 1848, par M. Guizot. *Paris, Michel Lévy*, 1863-64, 5 vol. in-8, br.

731. Mémoires pour servir à l'histoire de mon temps, par M. Guizot, *Paris, Michel Lévy*, 1858-67, 8 vol. in-8. br.

732. Mémoires secrets et Témoignages authentiques: accompagnés de remarques et d'un fac-simile de l'abdication de Louis-Philippe. *Paris, libr. des bibliophiles*, 1875, in-8, fac-simile, br.

733. Histoire de la Révolution de 1848, par A. de Lamartine, troisième édition, *Paris, Perrotin*, 1852, 2 vol. in-8, br.

734. Études d'histoire moderne, par M. Villemain. nouvelle édition revue, corrigée et augmentée, *Paris, Didier*, 1856, in-8, br.

735. Portraits et Notices historiques et littéraires, par M. Mignet, deuxième édition considérablement augmentée, *Paris, Didier*, 1852, 2 vol. in-8, br.

736. La France nouvelle, par Prévost-Paradol, in-12. — Quelques pages d'histoire contemporaine, par Prévost-Paradol, 4 vol. in-12. — Etudes sur les moralistes anciens, par Prévost-Paradol, in-12. Ensemble 6 vol. in-12, br.

737. Politique libérale, ou Fragments pour servir à la défense de la Révolution française, par Ch. de Rémusat. *Paris, Michel Lévy*, 1860, in-8, br.

738. Politique libérale ou Fragments pour servir à la défense de la Révolution française, par Ch. de Rémusat, nouvelle édition. *Paris, Michel Lévy*, 1875, in-8, br.

VI. HISTOIRE DES VILLES DE FRANCE.

739. Description de Paris, de Versailles, de Marly, de Meudon, de Saint-Cloud, de Fontainebleau, et de toutes les autres belles maisons et châteaux des environs de Paris, par M. Piganiol de la Force, avec figures en taille-douce. *Paris*, *Théodore Legras*. 1742, 8 vol. in-12, fig. veau.

740. Nouvelle Description des curiosités de Paris, seconde édition, corrigée et augmentée, par J.-A. Dulaure. *Paris*, *Le Jay*, 1787, 3 vol. in-12. veau marbré.

Cette édition renferme des détails piquants qui furent supprimés dans les éditions postérieures.

741. Versailles ancien et moderne, par le comte Alexandre de La Borde. *Paris*, *Schneider*, 1841, gr. in-8, front. et fig. demi-rel. dos et coins de mar. vert, tr. dor.

Ouvrage orné d'un grand nombre de figures.

742. Histoire du Palais de Compiègne, chronique du séjour des Souverains dans ce palais, écrite d'après les ordres de l'Empereur, par J. Pelassy de l'Ousle, bibliothécaire du Palais de Compiègne. *Paris*, *Impr. impériale*, 1862. gr. in-4, front. et pl. br.

Ouvrage enrichi d'un grand nombre de planches.

743. Histoire et Description du château d'Anet depuis le xe siècle jusqu'à nos jours, précédée d'une notice sur la ville d'Anet, etc., par J.-D. Rossel. *Paris*, *Jouaust*, 1875, in-4, fig. et pl. en couleur br.

Superbe ouvrage.

VII. HISTOIRE ÉTRANGÈRE.

744. Les Quatre Conquêtes de l'Angleterre, son histoire et ses institutions sous les Romains, les Anglo-Saxons, les Danois et les Normands, depuis Jules César jusqu'à la mort de Guillaume le Conquérant, par Em. de Bonnechose. *Paris*, *Didier*, 1852, 2 vol. in-8, br.

745. Tableau de mœurs au xe siècle, ou la Cour et les lois de Howel-le-Bon, roi d'Aberfran, de 907 à 948, suivi de cinq pièces de la langue française aux xie et xiiie siècles, etc. ; et terminé par une notice historique sur la langue anglaise depuis son origine jusqu'au xviiie siècle. *Paris*, *imp. de Crapelet*, 1832, gr. in-8, demi-rel. dos et coins veau.

746. Histoire de Marie Stuart, par M. Mignet. *Paris, Paulin*, 2 vol. in-8, br.

747. Histoire de Cromwell, d'après les mémoires du temps et les recueils parlementaires, par M. Villemain. *Paris, Maradan*, 1819, 2 vol. in-8, br.

748. Mémoires de Jaques Melvil, contenant une exacte relation de quelques évènemens du dernier siècle, principalement sous le règne de la reine Elisabeth, de Marie Stuart et de Jaques I, publiés sur le manuscrit de l'auteur, par Georges Scot. *La Haye, A. Moetjens*, 1694, 2 tomes, en 1 vol. in-12 veau.

749. Collection des mémoires relatifs à la Révolution d'Angleterre (par M. Guizot). *Paris, Béchet*, 1823-25, 25 vol. in-8, demi-rel. veau (*Boutigny*).

Bel exemplaire.

750. Études sur les Révolutions d'Angleterre au XVIIe siècle. Olivier Cromwell, sa vie privée, etc., par Philarète Chasles. *Paris, Amyot*, 1847, in-12, br.

751. Révolution d'Angleterre. Charles Ier, sa cour et son parlement, 1630 à 1660, par Philarète Chasles. 18 gravures sur acier d'après Van Dyck, Rubens, etc. *Paris, V^o L. Janet, s. d.*, gr. in-8, front fig. cart. n. r.

752. Histoire de la république d'Angleterre, par Guizot. 2 vol. in-8. — Histoire du Protectorat de Cromwell, par Guizot, in-8. — Sir Robert Peel, par Guizot, in-8. — Thomas Jefferson, par Guizot, in-8. — Monk et la chute de la république, etc., in-8. Ensemble 7 vol. in-8, br.

753. Histoire de Charles-Edouard, dernier prince de la maison de Stuart, par Amédée Pichot. *Paris, Ladvocat*, 1830, 2 vol. in-8, br.

754. Histoire de Guillaume III, roi d'Angleterre, d'Écosse et d'Irlande, etc., contenant ce qui s'est passé de plus particulier depuis sa naissance jusqu'à sa mort, etc., par A. Samson. *A la Haye*, 1703, 3 vol. in-12, portr. fig. et pl. veau.

Ouvrage orné d'un grand nombre de portraits, de figures et de cartes.

755. Anecdotes historiques sur les principaux personnages qui jouent maintenant un rôle en Angleterre. *S. l.*, 1784, in-8, cart.

756. William Pitt et son temps, par lord Stanhope, traduit de l'anglais et précédé d'une introduction par M. Guizot. *Paris, Michel Lévy*, 1862-63, 4 vol. in-8, br.

757. Lord Palmerston, l'Angleterre et le continent, par le comte de Fiquelmont. *Paris, Amyot*, 1852, 2 vol. in-8, br.

758. Le Portfolio, ou Collection de documents politiques relatifs à l'histoire contemporaine; traduit de l'anglais. *Paris, Truchy*, 1836-37, 5 vol. in-8, br.

759. Mémoires et Souvenirs, 1813-1873, par le comte John Russell, traduit de l'anglais par Ch. Bernard-Derosne. *Paris, E. Dentu*, 1876, in-8, br.

760. Lettres sur l'Angleterre, par Louis Blanc. *Paris, Lacroix*, 1866, 4 vol. in-8, br.

761. Londres et les Anglais, par Em. de la Bédollière, illustrés par Gavarni. *Paris, Barba, s. d.*, in-4, front. fig. br.

762. Paulii Jovii Novocomensis episcopi Nucerini historiarum sui temporis libri. *S. l.* 1552-56, 2 tomes en 1 vol. in-8, demi-rel. mar. vert.

Le titre de la première partie manque, et le premier feuillet est défectueux.

763. Histoire des États du Pape, par John Miley, traduit de l'anglais par Ch. Ouin-Lacroix. *Paris*, *Gaume*, 1851, in-8, br.

764. Dialogues entre Pasquin et Marphorio sur les affaires du temps. *Jouxte la copie imprimée (la Sphère)*, 1689-90, 9 pièces en 1 vol. in-12, veau.

Dans ce volume sont réunis les ouvrages suivants : Le Cibisme, 1691 ; le songe de Pasquin, 1689; le Couronnement de Guillemot et de Guillemette, 1689 ; le Festin de Guillemot, 1689 ; la Chambre des comptes, 1689 ; la Pierre de touche politique, 1690. (Janvier, février, mars et avril.)

765. Testament politique du cardinal Jules Albéroni, recueilli de divers mémoires, etc., traduit de l'italien par le C. de R. B. M. *Lausanne*, 1754, 2 part. en 1 vol. in-12, veau éc.

766. Mémoires du cardinal Consalvi, secrétaire du pape Pie VII, avec une introduction et des notes par J. Crétineau-Joly. *Paris*, *Plon*, 1864, 2 vol. in-8, br.

767. Relation historique et critique de la campagne de 1789 des Austro-Russes en Italie, par B***. *Saint-Pétersbourg*, 1812, in-8, bas.

768. Les Archives de Venise : Histoire de la chancellerie secrète, le sénat, le cabinet des ministres, etc., dans leurs rapports avec la France, par Armand Baschet. *Paris, Plon*, 1870, in-8, br.

769. Les Délices de la Belgique, ou description historique, pittoresque et monumentale de ce royaume, par Alphonse Wauters, orné d'une carte et de cent planches dessinées par MM. Lauters, Stroobant, etc. *Bruxelles*, 1844, in-8, fig. cart. n. r.

770. Œuvres de Georges Chastellain, publiées par M. le baron Kervyn de Lettenhove. *Bruxelles, Heussner*, 1863-66, 8 vol. in-8, br.

Publication faite par l'Académie royale de Belgique.

771. Œuvres historiques inédites de sire George Chastellain publiées par J. et C. Buchon. *Paris, Desrez*, 1837, gr. in-8, demi-rel.

772. Documents inédits concernant les troubles de la Belgique sous le règne de l'empereur Charles VI, publiés avec des notes et une introduction par M. Gachard. *Bruxelles, Ad. Walen*, 1838, 2 vol. in-8, br.

773. Documents historiques concernant les troubles des Pays-Bas, 1577-1584, publiés avec des notes biographiques et historiques par Kervyn de Volkaersbeke, avec des fac-simile. *Gand*, 1848, 2 vol. in-8, fac-simile, br.

774. Une Existence de grand seigneur au XVIe siècle. Mémoires autographes du duc Charles de Croy, publiés pour la première fois par le baron de Reiffenberg. *Bruxelles, Muquart*, 1845, gr. in-8, pl. br.

Publié par la Société des Bibliophiles de Belgique.

775. Leonis ab Aitzema Historia pacis a fœderatis Belgis ab anno 1621 ad hoc usque tempus tractatæ. *Lugd. Batav., ex officina J. et Dan. Elzevier*, 1654, in-4, vélin.

Raccommodage au titre.

776. Mémoires pour servir à l'histoire de Hollande et des autres provinces, par M. L. Auberi. *Paris*, 1711, in-12, bas.

777. Histoire de don Pèdre Ier, roi de Castille, par Prosper Mérimée. *Paris, Charpentier*, 1848, in-8, br.

778. Charles-Quint, chronique de sa vie intérieure et de sa vie politique, etc., par Amédée Pichot. *Paris, Furne*, 1854, in-8, br.

779. Lettres sur la vie intérieure de l'empereur Charles-Quint, écrites par Guillaume van Male et publiées pour la première fois par le baron de Reiffenberg. *Bruxelles*, 1843, gr. in-8, br.

Publié par la Société des Bibliophiles de Belgique.

780. L'Espagne sous Charles-Quint, Philippe II et Philippe III, ou les Osmanlis et la monarchie espagnole pendant les XVIe et XVIIe siècles, par Léopold Ranke, traduit de l'allemand et augmenté de notes par J.-B. Haiber. Deuxième édition. *Paris, Bray et Retaux*, 1873, in-8, br.

781. Correspondance de Philippe II sur les affaires des Pays-Bas, publiée d'après les originaux par M. Gachard. *Bruxelles*, 1848, 4 vol. in-4, portr. cart. et br.

782. Mémoires de Frédéric-Henri, prince d'Orange, qui contiennent ses expéditions militaires depuis 1621 jusqu'en l'année 1646, enrichis du portrait du prince et de figures représentant ses actions les plus mémorables, par B. Picart. *Amsterdam, P. Humbert*, 1733, in-4, titre gravé, portr. et fig. veau marbré.

Très-bel exemplaire.

783. Advis fidelles aux véritables Hollandois touchant ce qui s'est passé dans les villages de Bodegrave, etc., avec un mémoire de la dernière marche de l'armée du roy de France en Brabant et en Flandres. *S. l.* (*la Sphère*), 1673, in-4, fig. vélin à recouvrements.

Ouvrage curieux pour les figures de Romain de Hooge.

784. Révolutions de Portugal, par M. l'abbé de Vertot, nouvelle édition. *Paris, Didot*, 1750, in-12, fig., veau.

785. TABLEAUX TOPOGRAPHIQUES, pittoresques, physiques, historiques, moraux, littéraires de la Suisse (publiés par J.-B. de la Borde, avec une table analytique par Quétant). *Paris, impr. de Clousier*, 1780-88, 4 vol. gr. in-fol. pl. veau marbré dent. tr. dor. (*Rel. anc.*)

GRAND PAPIER DE HOLLANDE avec les figures à l'état d'EAUX-FORTES.

786. Histoire de la révolution helvétique de 1797 à 1803, par M. Raoul-Rochette. *Paris, Nepveu*, 1823, in-8, portr. br.

787. Histoire des révolutions de la Grèce, par M. Alexandre Soutzo. *Paris, F. Didot*, 1829, in-8, portr., demi-rel.

788. La Grèce pittoresque et historique, par le Dr Wordsworth, traduction de M. E. Regnault. Illustrations sur acier et sur bois par les premiers artistes de Paris et de Londres. *Paris, Curmer*, 1841, gr. in-8, front. fig. et vign. veau.

789. Mémoires du comte de Senfft, ancien ministre de Saxe. *Leipzig*, 18[illegible]3, in-8, portr. br.

790. Lettres inédites de Joseph II, empereur d'Allemagne, traduit de l'allemand par M. V. *Paris*, *Persan*, 1822, in-8, br.

791. Mémoires et Correspondance politique et militaire du prince Eugène, publiés et annotés par A. du Casse. *Paris*, *M. Lévy*, 1858-60, 10 vol. in-8, br.

792. Historia polonica Joannis Dlugossi seu Longini canonici cracovien. in tres tomos digesta auctoritate et sumptibus Herbulti Dobromiliki edita. *Dobromili*, *J. Szeligæl*, 1615, in-fol. vélin.

Première édition des six premiers livres.

793. Simonis Starovolsci scriptorum Polinocorum ΕΚΑΤΟΝ-ΤΑΣ, seu centum illustrium Poloniæ scriptorum elogia et vitæ. *Venetiis*, 1627, in-8, cart. n. r.

794. Historiæ Lituanæ usque ad unionem dominorum magni ducatus et regni Poloniæ partes duæ. *Dantisci*, 1650, *et Antverpiæ*, 1669, 2 vol. gr. in-4, titre gravé, vélin et veau.

Bel exemplaire bien complet. Rare.

795. Du Gouvernement et des Lois de la Pologne. *Londres*, 1781, in-12, cart. toile.

796. Histoire de Pologne, par Fletcher, traduite de l'anglais par Alph. Viollet, avec une carte coloriée et quatre portraits. *Paris*, *Michaud*, 1832, 2 vol. in-8, portr. et carte, br.

797. Histoire de Pologne, par Joachim Lelevel, publiée par les soins des Polonais. *Paris et Lille*, 1844, 2 vol. in-8, portr. et atlas in-4 obl. br.

798. Essai historique et politique sur la Pologne, depuis son origine jusqu'en 1788, écrit en français par Pierre Maleszewski. *Paris*, *Fournier*, 1832, in-8, portr. br.

799. Monumenta Sarmatorum, viam universæ carnis ingressorum Simone Starovolscio, primicerio Tarnoviensi, collectore. *Cracoviæ*, 1655, in-fol. vélin.

Recueil d'épitaphes qui se trouvaient dans les églises de Pologne au temps où vivait l'auteur. Ouvrage très-estimé et rare.

800. Histoire de Jean Sobieski, roi de Pologne, par M. l'abbé Coyer. *A Varsovie et se trouve à Paris*, 1761, 3 vol. in-12, portr. demi-rel. veau vert.

801. Lettres du roi de Pologne Jean Sobieski à la reine Marie-Casimire, pendant la campagne de Vienne, publiées par N.-A. Salvandy. *Paris*, *L.-G. Michaud*, 1826, in-8, portr. demi-rel. mar. vert.

802. Histoire de l'ambassade dans le grand-duché de Varsovie en 1812, par M. de Pradt, deuxième édition. *Paris, Pillet*, 1815, in-8, cart. n. r.

803. Recherches politiques sur l'état ancien et moderne de la Pologne, appliquées à sa révolution, par J.-P. Garrau. *Paris, an III*, in-8, br.

804. Histoire de l'anarchie de Pologne et du démembrement de cette république, suivie des Anecdotes sur la révolution de Russie en 1762, par L.-C. de Rulhière. *Paris, Ménard et Desenne*, 1819, 4 vol. in-8, demi-rel. veau fauve.

805. Tableau de la première époque de la révolution de Pologne, orné de quatre portraits, par Louis Mieroslawski. *Besançon*, 1833, in-8, fig. et cartes, br.

806. Mémoires pour servir à l'histoire et au droit public de Pologne, traduits du latin par M. Formey. *La Haye, P. Gosse*, 1741, in-12, veau.

807. Histoire de la prétendue révolution de Pologne avec un examen de sa nouvelle constitution, par M. Méhée. *Paris, Buisson*, 1792, in-8, veau.

808. Observations sur la Pologne et les Polonais, pour servir d'introduction aux mémoires de Michel Oginski. *Paris, Ponthieu*, 1827, 4 vol. in-8, demi-rel. veau.

809. Mémoires de Michel Oginski sur la Pologne et les Polonais depuis 1788 jusqu'à la fin de 1815. *Paris, Ponthieu*, 1826, 2 vol. in-8, br.

810. Souvenirs de Pologne et Scènes militaires de la campagne de 1812, par A. de S***. *Paris, Dryars*, 1833, in-8, br.

811. La Pologne dans ses anciennes limites et l'empire des Russies, en 1836, avec deux cartes géographiques, etc., par J.-B. Gluchowski. *Paris*, 1836, in-8, cartes, br.

811 *bis*. Chronica Slavorum seu Annales Helmoldi, presbyteri buzoviensis in agro Lubecensi : hisque subjectum derelictorum supplementum Arnoldi, opera et studio Reneri Reineccii Steinhemi; accessit item historia de vita Henrici IIII imp. et Hildebrandi, pont. Rom. *Francofurti, apud And. Wechelum*, 1581, 2 part. en 1 vol. in-fol. br. rogné.

Bel exemplaire.

812. Antonii Possevini, Societatis Jesu, Moscovia et alia opera de statu hujus seculi, adversus catholicæ ecclesiæ

hostes, nunc primo in unum volumen collecta et ab ipso me auctore emendata et aucta. *S. l. (Coloniæ), in officina Birckonanica,* 1587, in-fol. vélin.

Édition la plus complète de cette relation curieuse.

813. Rerum Moscovitarum autores varii unum in corpus nunc primum congesti, quibus et gentis historia continetur et regionum accurata descriptio; additus est index rerum et verborum in primis notabilium copiosus. *Francofurti, Andr. Weckel.,* 1600, in-fol. veau, dos orné, fil. tr. dor.

Recueil recherché et rare.

814. La Chronique de Nestor, traduite en français d'après l'édition impériale de Pétersbourg, accompagnée de notes et d'un recueil de pièces inédites, par L. Paris. *Paris, Heideloff,* 1834, 2 tomes en 1 vol. in-8, front. demi-rel. veau.

815. Histoire de Russie, par Pierre-Ch. Levesque, nouvelle édition, corrigée et augmentée par l'auteur et conduite jusqu'à la mort de Catherine II. *Hambourg,* 1800, 8 vol. in-8, cartes, veau.

On a ajouté à cet exemplaire une lettre autographe de l'auteur.

816. Geschichte des russischen Reiches von den altesten bisauf die neuesten Zeiten, etc. *Hambourg,* 1810, 6 vol. in-8, front. demi-rel. toile.

Chaque volume est orné d'un joli frontispice.

817. Essai sur l'histoire ancienne et moderne de la Nouvelle-Russie, statistique des provinces qui la composent, etc., avec cartes, vues, plans, etc. (par le Mis Gabr. Castelnau). *Paris, Rey et Gravier,* 1827, 3 vol. in-8, fig. et pl. br.

818. Études sur les forces productives de la Russie, par M. L. de Tegoborski. *Paris, Renouard,* 1854-55, 4 vol. in-8, demi-rel. mar. vert.

819. Histoire des guerres de la Moscovie, 1601-1610, par Isaac Massa de Haarlem, publiée pour la première fois par M. Obolenski et vander Linde. *Bruxelles, Olivier,* 1866, 2 vol. in-8, br.

820. Histoire des guerres de la Moscovie, 1601-1610, par J. Massa de Haarlem. *Bruxelles, Olivier,* 1866, 2 vol. in-8, pl. br.

821. Journal de Pierre le Grand, depuis l'année 1698 jusqu'à l'année 1714 inclusivement, nouvelle édition avec

des notes, par un officier suédois. *Stockholm*, 1774, in-8, demi-rel.

822. Anecdotes historiques sur Pierre le Grand et sur ses voyages en Hollande et à Zaardam, dans les années 1697 et 1717, orné de quatre dessins lithographiés. *Lausanne*, 1842, in-8, fig. demi-rel. veau.

823. Instruction donnée par Catherine II, impératrice et législatrice de toutes les Russies. *Lausanne, Fr. Grasset*, 1769, in-12, portr. mar. rouge, dent. milieux tr. dor. (*Rel. anc.*)

Dessiné et gravé par Boily.

824. Vie du prince Potemkin, feld-maréchal au service de Russie sous le règne de Catherine II. *Paris*, 1808, in-8, br.

825. Nouveaux Mémoires sur l'état présent de la grande Russie ou Moscovie. *Amsterdam*, 1725, 2 vol. in-12, pl. veau.

826. Tableau général de la Russie moderne et situation politique de cet empire au commencement du XIXe siècle, par V. C. ***, avec deux cartes. *Paris, Treuttel et Würtz*, 1807, 2 vol. in-8, cartes, br.

827. Traits caractéristiques de l'histoire de Russie (par Clausen), in-8, br.

828. Histoire du feld-maréchal Souvarof, liée à celle de son temps, par L. M. P. *Paris*, 1809, in-8, demi-rel.

829. Tableau historique, géographique, militaire et moral de l'empire de Russie, par M. Damaze de Raymond. *Paris, Le Normant*, 1812, 2 vol. in-8, cartes, br.

830. Lettres sur la guerre de Russie en 1812, sur la ville de Saint-Pétersbourg, etc., par L.-V. de Puibusque, seconde édition, augmentée et corrigée. *Paris, Magimel*, 1817, in-12, demi-rel.

831. La Russie dans l'Asie Mineure, ou Campagnes du maréchal Paskevitch en 1828 et 1829, précédées d'un tableau du Caucase, par Félix de Fontou. *Paris*, 1848, gr. in-8, titre gravé, et atlas in-fol. br. et cart.

832. Relation des opérations de l'armée russe en Hongrie, précédée d'un aperçu historique sur la Hongrie, par J. Tolstoy. *Paris*, 1850, in-4, cartes, br.

833. La Russie et l'Empire ottoman, tels qu'ils sont et tels qu'ils devraient être, par M. Boyard. *Paris, Roret*, 1854, in-8, br.

834. Vom Ursprunge des russischen Staats, ein Versuch die Geschichte desselben aus den Quellen zu erforschen, durch Johann Philipp Gustav Ewers. *Riga*, 1808, in-8, cart. n. r.

835. Histoire des Kosaques, précédée d'une Introduction ou coup d'œil sur les peuples qui ont habité le pays des Kosaques avant l'invasion des Tartares, par M. Lesur. *Paris, H. Nicolle*, 1814, 2 vol. in-8.

836. Annales de la Petite Russie, ou Histoire des Cosaques Saporogues et des Cosaques de l'Ukraine ou de la Petite Russie, traduite d'après les manuscrits par J.-B. Scherer. *Paris*, *Cuchet*, 1788, 2 vol. in-8, br.

837. Recherches historiques sur les principales nations établies en Sibérie et dans les pays adjacents, par M. Stollenwerck. *Paris, s. d.*, in-8, demi-rel. veau fauve.

838. Histoire et Description du Kamtchatka, avec une carte détaillée de cette contrée et des figures en taille-douce, par M. Kracheninikow. *Amsterdam, M.-M. Rey*, 1770, 2 part. en 1 vol. in-12, fig. et cartes, demi-rel.

839. Sur l'Utilité des langues orientales pour l'étude de l'histoire de Russie, par Charmoy. *Saint-Pétersbourg*, 1834, in-4, br.

840. Les Campagnes de Charles XII, roi de Suède, par M. de Grimarest, auteur de la Vie de Molière, troisième édition. *A la Haye*, 1708, tomes en 1 vol. in-12, portr. vélin.

841. Histoire de l'assassinat de Gustave III, roi de Suède, par un officier polonais, témoin oculaire. *Paris*, *an V*, in-8, br.

842. Histoire de l'assassinat de Gustave III, roi de Suède, par un officier polonais. *Paris, Forget*, 1797, in-8, portr. — Conjuration d'Étienne Marcel contre l'autorité royale, ou Histoire des États généraux de la France pendant les années 1355 à 1358, par J. Naudet. *Paris*, *A. Egron*, 1815, in-8. En 1 vol. in-8, demi-rel.

843. Tableau général de l'empire othoman, divisé en deux parties, dont l'une comprend la législation mahométane, l'autre l'histoire de l'empire othoman, par M. *** (Mouradja), d'Ohsson, ouvrage enrichi de figures. *Paris, impr. de Monsieur*, 1787-1820, 3 vol. gr. in-fol. pl. demi-rel. mar. rouge, tête dor. éb.

Superbe exemplaire de la bonne édition.

844. Histoire de l'Empire ottoman, depuis son origine jusqu'à nos jours, par J. de Hammer, traduit de l'allemand par J.-J. Hellert, accompagné d'un atlas de l'empire ottoman, contenant 21 cartes et 15 plans de batailles dressés par le traducteur. *Paris et Londres*, 1835-43, 18 vol. in-8, et atlas, in-fol. de pl. br.

845. Histoire de Constantinople, comprenant le bas-empire, l'empire ottoman, par M. B. Poujoulat. *Paris, Amyot*, 1853, 2 vol. in-8, br.

846. Histoire de l'empire ottoman depuis les temps anciens jusqu'à nos jours, par Théophile Lavallée. *Paris, Garnier*, 1855, gr. in-8. fig. cart.

Dix-huit gravures sur acier représentant des scènes historiques, des vues, etc.

847. Tableau des nouveaux règlemens de l'empire ottoman, composé par Mahmoud Rayf Effendi. *Constantinople*, 1798, in-4, pl. veau.

Ouvrage orné d'un grand nombre de curieuses figures.

848. Histoire des Bohémiens, ou tableau des mœurs, usages et coutumes de ce peuple nomade, par Grellmann, traduit de l'allemand par M. J. *Paris, Chaumerot*, 1810, in-8, br.

849. Histoire des chevaliers de l'ordre de S. Jean de Hierusalem, ci-devant escrite par le feu S. D. B. S. D. L., traduite par J. Baudoin, œuvre enrichie d'un grand nombre de figures en taille-douce. *Paris*, *Michel Soly*, 1629, 2 part. en 1 vol. in-fol. fig. veau.

850. Histoire des chevaliers hospitaliers de S. Jean de Jérusalem appelez depuis les Chevaliers de Rhodes, et aujourd'hui les chevaliers de Malte, par M. l'abbé Vertot. *Paris, Rollin, Quillau et Desaint*, 1726, 4 vol. in-4, portr. mar. citron, dos orné, fil. tr. dor. (*Rel. anc.*)

Exemplaire en grand papier avec tous les portraits. Aux armes de Mesdames de France.

851. Histoire et Considération de l'origine, loy, et coustumes des Tartares, Persiens, Arabes, et tous autres imaélites ou muhamédiques, dits par nous mahométains ou sarrazins (par Guill. Postel). *Poitiers, Eng. de Marnef*, 1560, 3 part. en 1 vol. pet. in-4, veau.

Le titre de la première partie est restauré.

852. Bibliothèque historique arménienne, ou Choix des principaux historiens arméniens, traduits en français par M. Ed. Dulaurier. *Paris, Durand*, 1858, in-8, br.

853. Histoire de Jérusalem, tableau religieux et philosophique, par M. Poujoulat. *Paris*, *Hivert*, 1841, 2 vol. in-8, fig. br.

854. Mémoires géographiques sur l'empire de Perse, par Macdonald Kinneir, traduit de l'anglais par le colonel G. Drouvelle, avec cartes. *St-Pétersbourg*, 1827, 2 vol. in-8, cartes, br.

855. Seleucidarum imperium, sive Historia regum Syriæ, ad fidem numismatum accommodata per J. Foy-Vaillant, editio secunda. *Hagæ-Comitum*, 1732, in-fol. pl. demi-rel.

856. L'Histoire naturelle et générale des Indes, isles et terre ferme de la grande mer océane, traduite de castillan en françois (par Jean Poleur). *A Paris, de l'impr. de Michel de Vascosan*, 1556, in-fol. réglé, fig. mar. rouge, dos orné fil. tr. dor. (*Rel. anc.*).

Superbe exemplaire; un des coins de la reliure est déchiré.

857. État civil, politique et commerçant du Bengale, ou Histoire des conquêtes et de l'administration de la Compagnie anglaise dans ce pays; ouvrage traduit de l'anglais de M. Bolts par M. Demeunier. *A la Haye*, *chez Gorse*, 1775, 2 tomes en un vol. in-8, front. et cartes, veau fauve.

Deux frontispices par Eisen.

858. Histoire de la Barbarie et de ses corsaires, par le R. P. Pierre Dan. *A Paris, chez Pierre Rocolet*, 1637, in-4, front. et fig. veau.

859. Correspondance de Fernand Cortès avec l'empereur Charles-Quint, sur la conquête du Mexique, traduite par M. le vicomte de Flavigny. *En Suisse*, 1779, in-8, br.

860. Washington, correspondance et écrits, par M. Guizot, 4 vol. in-8, br. — Histoire de Charles Ier, par le même, 2 vol. in-8. — Histoire de Washington et de la république des États-Unis, in-8. Ensemble 7 vol. in-8, br.

861. Histoire véridique de la Nouvelle-Espagne, écrite par le capitaine Bernal Diaz del Castillo, traduction par D. Jourdanet, deuxième édition précédée d'une préface nouvelle, etc. *Paris*, *G. Masson*, 1877, gr. in-8, cartes, br.

862. Histoire du Canada depuis sa découverte jusqu'à nos jours, par E. X. Garneau; seconde édition, corrigée et augmentée. *Québec*, 1852, 3 vol. in-8, br.

863. Histoire de la Nouvelle-France contenant les navigations, découvertes et habitations faites par les François

és Indes occidentales et Nouvelle-France, souz l'aveu et authorité de noz roys très-chrétiens, et les diverses fortunes d'iceux en l'exécution de ces choses depuis cent ans jusquà hui, par Marc Lescarbot, seconde édition, revue et augmentée. *Paris*, *Jean Millot*, 1611, pet. in-8. — Les Muses de la Nouvelle-France : à Monsieur le chancelier. *Paris, Jean Millot,* 1611, pet. in-8. Ensemble 2 vol. rel. en un, demi-rel. bas.

Exemplaire grand de marges. Une légère piqûre de vers dans la marge du fond.

VIII. NOBLESSE.

864. Armorial universel, précédé d'un Traité complet de la science du blazon et suivi d'un supplément, par M. Jouffroy d'Eschavannes. *Paris*, *Curmer*, 1844, 2 vol. gr. in-8, pl. br.

865. Armorial du bibliophile, avec illustrations dans le texte, par Joannis Guigard. *Paris, Bachelin-Deflorenne*, 2 tomes en un vol. gr. in-8, br.

866. Traité des fiefs et de leur origine, avec les preuves tirées de divers autheurs anciens et modernes, par messire Louis Chantereau Le Febvre. *A Paris, L. Billaine*, 1662, in-fol. veau.

867. Traité des tournois, ioustes, carrousels et autres spectacles publics (par Cl.-Fr. Menestrier). *Lyon, J. Maquet*, 1659, in-4, fig. veau.

IX. ARCHÉOLOGIE NUMISMATIQUE.

868. Recueil de différentes pièces sur les arts, par M. Winckelmann, traduit de l'allemand. *Paris,* 1786, in-8, br.

869. Nouveau Recueil d'antiquités grecques et romaines en forme de dictionnaire, par M. Furgault. *Paris*, 1787, in-8, br.

870. Antiquités étrusques, grecques et romaines, tirées du cabinet de M. Hamilton (par F. Hugues dit d'Hancarville), envoyé extraordinaire de S. M. Britannique en Cour de Naples. *A Naples*, 1766-67, 4 vol. gr. in-fol. fig. col. demi-rel. dos et coins de veau.

Ouvrage exécuté avec un très-grand luxe.

871. Monuments inédits d'antiquité figurée grecque, étrusque et romaine, recueillis et publiés par M. Raoul-Rochette. *Paris, Impr. royale*, 1833, in-fol. pl. dos et coins de cuir de Russie, tête dor. n. r.

Tome premier le seul qui ait paru.

872. Observation sur une note de l'ouvrage intitulé : Peintures de vases antiques, etc., etc., par A. Olénin. *St-Pétersbourg*, 1818, in-8, front. et fig. br.

873. The Antiquities of Athens, measured and delineated by James Stuart, etc. *London, printed by J. Haberkorn*, 1762, 94, 3 vol. gr. in-fol. pl. cuir de Russie.

Le quatrième volume, publié en 1816 par J. Voods, manque à cet exemplaire.

874. L'Acropole d'Athènes, par E. Beulé. *Paris, Didot*, 1853, 2 vol. in-8, br.

875. Histoire de la peinture ancienne, extraite de l'Hist. naturelle de Pline, liv. xxxv, avec le texte latin. *Londres, G. Bowyer*, 1725, in-fol. front. demi-rel.

876. Recueil de peintures antiques trouvées à Rome, imitées fidèlement, pour les couleurs et le trait, d'après les dessins coloriés par Pietro-Santo Bartoli et autres dessinateurs, seconde édition. *Paris, impr. Didot, aux dépens de Molini*, 1783-87, 3 vol. in-fol. fig. cart. n. r.

Édition plus complète que celles qui l'ont précédée, et tirée à 100 exemplaires seulement.

877. Peintures antiques inédites, précédées de la Recherche sur l'emploi de la peinture dans la décoration des édifices sacrés et publics chez les Grecs et chez les Romains, faisant suite aux Monuments inédits, par M. Raoul-Rochette. *Paris, Impr. royale*, 1836, in-4, pl. veau fauve.

878. Lettres d'un antiquaire sur l'emploi de la peinture historique murale, etc., chez les Grecs et les Romains, par M. Létronne. *Paris*, 1840, in-8, br.

879. The Ruins of Palmyra otherwise Tedmor in the desert. *London, printed in the year* 1753, in-fol. pl. veau marbré.

Livre superbe; les planches qu'il renferme, au nombre de 57, sont d'une exécution remarquable. La première : Vue générale des ruines de Palmyre, qui manque à beaucoup d'exemplaires, se trouve dans celui-ci.

880. Histoire des grands chemins de l'empire romain par Nicolas Bergier, nouvelle édition, revue avec soin et enri-

chie de cartes et de figures. *Bruxelles*, 1768, 2 vol. in-4, portr. et fig. veau.

Superbe exemplaire d'un livre recherché.

881. Real Museo Borbonico. *Napoli*, 1824-67, 16 vol. in-4, demi-rel. et br.

Les douze premiers volumes sont reliés. Les autres forment les livraisons 45 à 64.

882. Le Grand Cabinet romain, ou Recueil d'antiquitez romaines, qui consistent en bas-reliefs, statues des dieux et des hommes, instruments sacerdotaux, etc., que l'on trouve à Rome, avec des explications de Michel-Ange de la Chausse. *Amsterdam, Fr. l'Honoré*, 1706, in-fol. pl. veau.

883. Dictionnaire des antiquités romaines, ou Explication abrégée des cérémonies, coutumes, etc., communes aux Grecs et aux Romains, traduit de Samuel Pitiscus. *Paris, Delalain*, 1766, 3 vol. in-8, veau.

884. Recueil de lettres de M. Winckelmann sur les découvertes faites à Herculanum, à Pompéi, etc., avec des notes critiques. *Paris, Barrois*, 1784, in-8, br.

885. Le Antichità di Ercolano, esposte con qualche spiegazione (da Ottav.-Ant. Bayardi). *Napoli, nella regia Stamperia*, 1757-92, 9 vol. in-fol. pl. demi-rel. non rogné.

Ouvrage curieux et magnifiquement exécuté, que l'on divise de la manière suivante : Peinture, 5 vol. ; Bronzes, 2 vol. ; Lampes et candélabres, 1 vol. ; Catalogo degli antichi monumenti dissoterrati dalla città di Ercolano.

886. Di Due Sepolcri romani del secolo d'Augusto, scoverti tra la via Latina e l'Appia, presso la tomba degli Scipioni, dal cav. G.-Pietro Campana, illustrazione. *Roma, Monaldi*, 1840, gr. in-fol. pl. cart. n. r.

Exemplaire avec les planches coloriées.

887. Inscriptiones antiquæ, græcæ et romanæ, urbibus extantes (cum not. Ant.-Mar. Salvinii, stud. Ant.-Franc. Gorii). *Florentiæ*, 1727-43, 3 vol. in-fol. pl. veau.

Rare.

888. Pierres antiques gravées, sur lesquelles les graveurs ont mis leurs noms, dessinées et gravées par Bernard Picart, expliquées par M. Philippe de Stosch. *Amsterdam, chez Bernard Picart*, 1724, pet. in-fol. pl. mar. rouge, dos orné, fil. tr. dor. (*Rel. anc.*).

Magnifique exemplaire.

889. Description des principales pierres gravées du cabinet de S. A. S. Monseigneur le duc d'Orléans. *Paris, La Chau*, 1780, 2 vol. in-4, fig. et vign. veau.

Le portrait du duc d'Orléans manque.

890. Choix de pierres antiques du cabinet du duc de Marlborough. *Londini, apud J. Murray*, 1845, 2 vol. in-fol. front. et pl. demi-rel. dos et coins de mar. orange, tête dor. éb.

891. Lettres écrites d'Égypte en 1838 et 1839, contenant des observations sur divers monuments nouvellement explorés et dessinés par Nestor Lhôte, avec des remarques de M. Letronne, orné de 63 dessins gravés sur bois. *Paris, Didot*, 1840, in-8, fig. br.

892. Mémoire explicatif du zodiaque chronologique et mythologique, etc., par Dupuis, *Paris, Courcier*, 1806, in-4, br.

893. Antiquités de la Nubie, ou Monuments inédits des bords du Nil, situés entre la première et la seconde cataracte, dessinés et mesurés en 1819 par F.-C. Gau de Cologne. *Stuttgart et Paris*, 1822, gr. in-fol. avec 78 pl. demi-rel.

894. Nouveaux Mélanges d'archéologie, d'histoire et de littérature sur le moyen âge, par les auteurs de la monographie des vitraux de Bourges ; collection publiée par le P. Ch. Cahier. *Paris, Didot*, 1874-77, 4 vol. gr. in-4, demi-rel. dos et coins de mar. r. tête dor. éb.

895. L'Antiquité expliquée et représentée en figures, par dom Bernard de Montfaucon. *Paris, Fl. Delaulne, etc.*, 1719, 10 vol. in-fol. fig. — Supplément au livre de l'antiquité expliquée et représentée en figures, par D. B. de Montfaucon. *Paris, Ve Delaulne, etc.* 1724, 5 vol. in-fol. fig. — Les Monumens de la Monarchie francoise, qui comprennent l'histoire de France, avec les figures de chaque règne que l'injure des temps a épargnées, par le R. P. D. B. de Montfaucon. *Paris, J.-M. Gandouin*, 1729-33, 5 vol. in-fol. fig. Ensemble 20 vol. in-fol. fig. veau fauve. (*Rel. anc.*).

Superbe exemplaire en GRAND PAPIER. Double de la bibliothèque publique de la ville de Lille.

896. Bulletin de la Société royale des antiquaires du Nord, 1843. *Copenhague*, 1843, in-8, br.

897. La Science des médailles, nouvelle édition, avec des remarques historiques et critiques. *A Paris, chez De Bure*, 1739, 2 vol. in-12, front. et fig. veau marbré.

898. Nouvelles Recherches sur la science des médailles, inscriptions, et hiéroglyphes antiques, par M. Poinsinet de Sivry. *Maestricht*, 1778, in-4. pl. demi-rel.

899. Specimen universæ rei nummariæ antiquæ quod litteratorum reipublicæ proponit Andreas Morellius. *Lipsiæ*, 1695, 2 tomes en 1 vol. in-8, fig. veau.

900. Selecta numismata antiqua, ex musæo Jacobi de Wilde. *Amstelodami*, 1692, in-4. pl. veau.

Superbe exemplaire.

901. Romanorum imperatorum Pinacotheca, sive Duodecim imperatorum simulacra, elogiis, numismatibus, et historia Suetoniana, illustrata atque exornata, cura et labore Ludolphi Smids. *Amstelædami*, 1679, in-4, fig. et pl. br.

902. Regum et imperatorum romanorum Numismata a Romulo usque ad Justinianum, cura et imp. Car. Ducio Croyaci olim congesta, et incisa a Biaeo, cum commentariis Alb. Rubeni et annotationibus Laurentii Begeri. *Coloniæ, Brand*, 1700, in-fol. fig. veau.

903. Numismata imperatorum romanorum a Trajano ad Palæologos augustos; accessit bibliotheca nummaria sive auctorum qui de re nummaria scripserunt opera et studio D. Anselmi Banduri. *Lutetiæ Parisiorum, sumpt. Montalant*, 1718, 2 vol. in-fol. frontisp. et fig. veau.

Grand papier.

904. Selectiora Numismata in ære maximi moduli e museo illustrissimi F. de Camps, concisis interpretationibus per D. Vaillant illustrata. *Parisiis, Ant. Dezallier*, 1695, in-4, front. et fig. veau.

905. Recueil de médailles de rois qui n'ont point encore été publiées ou qui sont peu connues (par Jos. Pellerin). *Paris, Guérin et Delatour*, 1762-78, 10 tomes en 9 vol. in-4, pl. veau.

Cet excellent recueil se compose des ouvrages suivants : Recueil de médailles de peuples et de villes. Paris, 1763, 3 vol. in-4 ; Mélanges de diverses médailles, pour servir de supplément aux recueils des médailles des rois et de villes. Paris, 1765, 2 vol.; Supplément aux 6 volumes du recueil des médailles de rois et de villes, etc. Paris, 1765-66, 4 tomes en 2 vol. Lettres de l'auteur des Recueils de médailles de rois, etc. Additions aux 9 volumes de médailles, etc., par le même. Paris, 1778, 2 part. en 1 vol.

906. Médailles du grand et du moyen bronze du cabinet de

la reine Christine, gravées par Pietro Santo Bartoli, expl. par un commentaire en latin et en françois. *La Haye*, 1742, in-fol. pl. veau.

Ouvrage orné de 63 belles planches.

907. Cabinet de médailles de l'électorat de Brandebourg, consistant en médailles gravées et décrites, par M. J.-Ch. Conrad Œlrichs. *Berlin, Decker*, 1778, in-4, pl. veau.

908. Considérations historiques et artistiques sur les monnaies de France, par Benj. Fillon. *Fontenay-Vendée*, 1850, in-8, fig. br.

909. Histoire du roy Louis le Grand, par les médailles, emblêmes, devises, jettons, etc., recueillis et expliqués par le P. Cl.-Fr. Menestrier, augmenté de cinq planches. *Paris, J.-B. Nolin*, 1691, in-4, titre gravés, fig. veau.

Ouvrage enrichi d'un grand nombre de très-belles planches.

910. Médailles sur les principaux évènements du règne entier de Louis le Grand, avec des explications historiques (par Fr. Charpentier, P. Tallemand, J. Racine, Boileau-Despréaux). *Paris, Impr. royale*, 1723, in-fol. front. et fig. mar. rouge, dos orné, dent. tr. dor. (*Reliure ancienne*).

Très-bel exemplaire de l'édition la plus complète; chaque page forme une planche, avec l'explication, et est imprimée au recto seulement.

911. Médailles du règne de Louis XV (par Fleurimont). *S. l.* (*Paris*), *s. d.* in-fol., front. titre gravé et pl. veau marbré.

Un frontispice et 78 planches de médailles.

912. Histoire métallique de Napoléon, ou Recueil des médailles et des monnaies qui ont été frappées depuis la première campagne d'Italie jusqu'à la fin de son règne, par Millin et Millingen. *Paris, Delahays*, 1854, in-4, pl. br.

Recueil de 74 planches de médailles.

913. Souvenirs numismatiques de la révolution de 1848. *Paris, Rousseau, s. d.*, 20 liv. in-4.

Complet.

914. Explications historiques des principales médailles frappées pour servir à l'histoire des provinces unies des Pays-Bas. *Amsterdam, H. Châtelain*, 1723, in-fol. pl. veau, rac.

915. Œuvres du chevalier Hedlinger, ou Recueil des mé-

dailles de ce célèbre artiste, gravées en taille-douce (par Chr. de Méchel). *Basle*, 1776, in-4, pl. veau.

Ouvrage orné de 40 magnifiques planches de médailles.

X. HISTOIRE LITTÉRAIRE.

916. Mémoires pour servir à l'histoire des hommes illustres dans la république des lettres avec un catalogue raisonné de leurs ouvrages (par le P. Niceron, avec quelques notices par le P. Audin, J.-B. Michault et l'abbé Goujet). *Paris*, 1727-45, 43 tomes en 44 vol. in-12, v. fauve.

Superbe exemplaire aux armes de Bréhan.

917. L'Ancienne Académie des inscriptions et belles-lettres, par Alf. Maury. *Paris, Didier*, 1864, in-8, br.

918. Histoire de l'Académie royale des inscriptions et belles-lettres, depuis son établissement jusqu'à présent, avec les mémoires de littérature tirez des registres de cette Académie depuis son renouvellement jusqu'à présent. *Paris, de l'Impr. royale*, 1717-1809, et tables des tomes 44 à 51, *Paris*, 1844, 51 vol. in-4, front. veau et dem.-rel. veau.

Bel exemplaire de cette intéressante collection. Le tome 51 est broché.

919. Histoire de la poésie des Hébreux, par Herder, traduite de l'allemand par Mme de Carlowitz. *Paris, Didier*, 1855. in-8, br.

920. Histoire de la littérature grecque profane depuis son origine jusqu'à la prise de Constantinople par les Turcs, par M. Schoell; seconde édition, *Paris, Gide*, 1823-25, 8 vol. in-8, portr. demi-rel. mar. rouge.

921. La Grèce, Rome et Dante, études littéraires, d'après nature, par M. J.-J. Ampère. *Paris, Didier*, 1859, in-8, br.

922. Histoire abrégée de la littérature romaine, par F. Schœll. *Paris, Gide*, 1815, 4 vol. in-8, demi-rel. v. bleu.

923. Études de littérature ancienne et étrangère, par M. Villemain, in-8. — Tableau de l'éloquence chrétienne au ive siècle, par M. Villemain, in-8. — Discours et mélanges littéraires, in-8. Ensemble 3 vol. in-8, br.

924. Tableau de la littérature du Centon chez les anciens et chez les modernes, par Oct. Delepierre. *Londres, Trubner*, 1874-75, 2 vol. in-8, br.

925. Vincent de Beauvais et la connaissance de l'antiquité classique au XIIIe siècle, par Boutaric. *Paris*, *Palmé*, 1875, in-8, br.

Extrait de la Revue des questions historiques et tiré à 50 exemplaires.

926. Histoire littéraire de France, par des religieux bénédictins de la Congrégation de Saint-Maur (D. Rivet, D. Taillandier et D. Clémencet). *Paris*, 1733-63, 22 vol. in-4, veau et br.

Les tomes 13, 14, 15 et 16 manquent.

927. Histoire de la littérature française, par D. Nisard. *Paris, Didot*, 1844-61, 4 vol. in-8, br.

928. Cours de littérature française, par M. Villemain. Tableau de la littérature au XVIIIe siècle. *Paris*, *Didier*, 1868, 4 vol. in-8, br.

929. Cours de littérature française, par M. Villemain. Tableau de la littérature du moyen âge. *Paris*, *Didier*, 1870, 2 vol. in-8, br.

930. Documents inédits concernant l'histoire littéraire de la France, publiés par Ulysse Robert, *Paris*, *Palmé*, 1875, in-4, br.

931. Tableau historique et critique de la poésie française et du théâtre français au XVIe siècle, par C. A. Sainte-Beuve; seconde édition. *Paris, Raymond-Bocquet*, 1838, 2 vol. in-8, br.

932. J. Saurin et la prédication protestante jusqu'à la fin du règne de Louis XIV, par E.-A. Berthault, *Paris, Bonhoure*, 1875, in-8, br.

933. Les Oubliés et les Dédaignés, figures littéraires de la fin du XVIIIe siècle, par M. Charles Monselet. *Paris*, *Poulet-Malassis*, 1859, 2 part. en 1 vol. in-12, br.

Rare.

934. Les Sociétés badines, bachiques, littéraires et chantantes, leur histoire et leurs travaux, ouvrage posthume de M. Arth. Dinaux, revu et classé par G. Brunet, avec un portrait à l'eau-forte par Staal. *Paris*, *Bachelin-Deflorenne*, 1865, 2 vol. in-8, portr. br.

935. Études littéraires et historiques, par M. le baron de Barante. *Paris, Didier*, 1858, 2 vol. in-8, br.

936. Souvenirs contemporains d'histoire et de littérature, par M. Villemain. *Paris*, *Didier*, 1859, 2 vol. in-8, br.

937. Choix d'études sur la littérature contemporaine, par M. Villemain. *Paris*, *Didier*, 1857, in-8, br.

938. Histoire de la poésie provençale, par E. Fauriel. *Leipzig et Paris*, 1857, 3 vol. in-8, br.

939. Tableau de la littérature du Nord au moyen âge en Allemagne, en Allemagne, etc., par G. Eichoff. *Paris, Didier*, 1853, in-8, br.

940. Histoire de la littérature anglaise, par H. Taine, *Paris, Hachette*, 1863, 4 vol. in-8, br.

XI. BIOGRAPHIE.

941. Biographie universelle, ancienne et moderne, nouvelle édition publiée sous la direction de M. Michaud par une société de gens de lettres. *Paris, s. d.* 45 vol. gr. in-8, demi-rel. dos et coins de mar. vert.

942. Le Grand Dictionnaire historique, par L. Moréri ; nouvelle édition, dans laquelle on a refondu les supplémens de l'abbé Goujet ; revue et augmentée, par Drouet. *Paris*, 1758, 10 vol. in-fol. front. veau marbr.

943. Dictionnaire historique et critique, par M. Pierre Bayle, cinquième édition, revue, corrigée et augmentée avec la Vie de l'auteur, par M. Desmaizeaux. *Amsterdam*, 1740, 4 vol. in-fol. — Nouveau Dictionnaire historique et artistique pour servir de supplément ou de continuation au dictionnaire de M. P. Bayle, par J.-G. de Chauffepié. *Amsterdam*, 1750-56, 4 vol. in-fol. Ensemble, 8 vol. in-fol. veau.

944. Remarques critiques sur le dictionnaire de Bayle (par Joly). *Paris et Dijon*, 1752, 2 tomes en 1 vol. in-fol., veau.

Ouvrage savant, que l'on doit consulter si l'on veut lire avec fruit le dictionnaire de Bayle.

945. Dictionnaire historique, ou Mémoires critiques et littéraires concernant la vie et les ouvrages de divers personnages distingués, particulièrement dans la république des lettres, par P. Marchand. *La Haye, P. de Hondt*, 1758, 2 tomes en 1 vol. in-fol. veau marbr.

946. Nouveau Dictionnaire historique, ou Histoire abrégée de tous les hommes qui se sont fait un nom par des talents, des vertus, des forfaits, etc., par M. L. Chaudon et L.-A. Delalandine. *Lyon, Bruysset, an XII* (1804), 13 vol. in-8, veau vert.

947. Dictionnaire critique de biographie et d'histoire, par Jal. *Paris, H. Plon*, 1867, in-8, br.

948. Plutarchi historiographi græci liber de viris clarissimis : e græco sermone in latinum diversis plurimorum interpretationibus virorum illustrium translatus, collectus a Jo. Campana, 2 vol. in-fol. rel. en bois.

Très-bel exemplaire de cette édition qui paraît avoir été faite vers 1472, sur celle de 1470, et est très-bien exécutée. Elle est imprimée sans chiffres, réclames ni signatures, à longues lignes au nombre de 49 sur les pages entières. Les caractères, parmi lesquels on remarque la lettre R d'une forme singulière, sont du même genre que ceux qu'on attribue à Jean Mentelin. Le premier volume est de 274 ff. et commence par l'épître dédicatoire de Campenius ; le deuxième, de 238 ff., commence par une épître au traducteur et finit à la vingt-deuxième ligne du dernier feuillet recto par ces mots : *Post Caroli mortem diligentissime ac ..antimissimeqz reservavit.*

949. Les Vies des hommes illustres grecs et romains, comparées l'une avec l'autre, par Plutarque de Chæronée ; translatées par M. J. Amyot, *S. l., de l'imprimerie de Jérémie des Planches*, 1583, 1 vol. in-fol. fig. rel. en 3, veau.

950. Les Vies des hommes illustres de Plutarque, traduites du grec par Amyot, avec des notes et des observations par MM. Brotier et Vauvilliers. *Paris, impr. Cussac, an IX*, 1801-1805, 25 vol. gr. in-8, fig. demi-rel. mar. bleu.

951. Histoire de la vie et des poésies d'Horace, par le baron de Walckenaer. *Paris, Didot*, 1858, 2 vol. in-12, br.

952. L'Europe illustre, contenant l'histoire abrégée des souverains, des princes, des prélats, ministres, etc., dans le xve siècle compris jusqu'à présent, par M. Dreux du Radier ; ouvrage enrichi de portraits gravés par les soins du sieur Odieuvre. *Paris, Odieuvre et Le Breton*, 1756, 6 vol. gr. in-4, front. et portr. mar. rouge, dos orné, fil. tr. dor. (*Rel. anc.*)

Bel exemplaire en grand papier, tiré à 50 exemplaires seulement.

953. Le Plutarque français. Vies des hommes et des femmes illustres de la France depuis le ve siècle jusqu'à nos jours, avec leurs portraits en pied gravés sur acier ; ouvrage fondé par M. Ed. Mennechet, deuxième édition, publiée sous la direction de M. C. Hadot. *Paris, Langlois et Leclercq*, 1844-47, 6 vol. gr. in-8, front. et fig. col. demi-rel. mar. vert.

Superbe exemplaire dont toutes les figures ont été artistement coloriées.

954. La Vie publique de Montaigne, étude biographique, par Alph. Grün. *Paris, Amyot*, 1855, in-8, br.

955. Étienne de la Boëtie, ami de Montaigne : étude sur sa

vie et ses ouvrages, par Léon Feugère. *Paris, Jules Labitte*, 1845, in-8, br.

— Le même, in-8, br.

956. Rabelais, sa vie et ses ouvrages, par P. L. Jacob, *Bruxelles*, 1858, in-8, br.

957. Estienne Dolet : sa vie, son œuvre, son martyre, par Joseph Boulmier. *Paris, Aubry*, 1857, in-8, portr. br.

958. Essai sur la vie et les ouvrages de Henri Estienne, suivi d'une Étude sur Scévole de Sainte-Marthe, par Léon Feugère. *Paris*, 1853, in-12, bas. tr. dor.

959. Jean Le Houx et le Vau de Vire à la fin du XVIe siècle, par Armand Gasté. *Paris et Caen*, 1874, in-8, portr. br.

960. La Vie de François, seigneur de la Noué, dit Bras de fer, par M. Moyse Amirault. *Leyde, Jean Elzevier*, 1661, in-4, veau.

Bel exemplaire.

961. Essai sur la vie et les ouvrages de Marguerite d'Angoulême, précédé d'une notice sur Louise de Savoie sa mère, par M. Le Roux de Lincy. *Paris*, 1853, in-8, br.

Papier de Hollande.

962. Notice sur Tallemant des Réaux, sur sa famille et sur ses mémoires, par M. Monmerqué, et Table analytique des matières renfermées dans ses Historiettes. *Paris, Levavasseur*, 1836, in-8, demi-rel.

963. Rapin-Thoyras, sa famille, sa vie et ses œuvres; étude historique suivie de sa généalogie, par R. de Cazenove. *Paris, Aubry*, 1866, in-4, portr. fig. et fac-simile, br.

Double épreuve sur chine et sur blanc.

964. La Vie de M. Jean-Philippe Baratier, maître ès arts, etc., par M. Formey, nouvelle édition. *Francfort*, 1755, in-12, demi-rel.

965. Voltaire, par Eug. Noël. *Paris, Chamerot*, in-12. — Voltaire et ses maîtres, par Pierron, *Paris, Didier*, in-12. — Voltaire, par Turpin de Sansay. *Paris, Dentu*, in-12. Ensemble 3 vol. in-12, br.

966. Vie privée de Voltaire et de Mme du Châtelet, pendant un séjour de six mois à Cirey, par l'auteur des Lettres péruviennes (Mme de Grafigny). *Paris, Treuttel*, 1820, in-8, portr. demi-rel.

967. Voltaire et le président de Brosses, correspondance inédite, par Ch. Foisset. *Paris, Didier*, 1858, in-8, br.

968. Voltaire à Ferney, sa correspondance avec la duchesse de Saxe-Gotha, etc., par MM. Evariste Bavoux et A. F. *Paris*, *Didier*, 1860, in-8, br.

969. Voltaire et Rousseau, par Henry lord Brougham, ouvrage accompagné de lettres entièrement inédites et orné de deux portraits gravés sur acier. *Paris*, *Amyot*, 1845, in-8, portr. br.

970. Mémoires de Madame d'Épinay, édition nouvelle et complète avec des additions, des notes et des éclaircissements inédits, par M. P. Boiteau. *Paris*, *Charpentier*, 1863, 2 vol. in-8, br.

971. Essais de mémoires ou Lettres sur la vie, le caractère et les écrits de J.-F. Ducis, par M. Campenon, *Paris*, *Nepveu*, 1824, in-8, br.

972. Notice sur M. Daunou, par M. B. Guérard, suivie d'une Notice sur M. Guérard, par M. N. de Wailly. *Paris*, *Dumoulin*, 1855, in-8, portr. demi-rel. veau bleu.

Envoi d'auteur.

973. Madame de Staël et la grande-duchesse Louise, par l'auteur de Mme Récamier. *Paris*, *Michel Lévy*, 1862, in-8, br.

974. M. de Chateaubriand, sa vie, ses écrits, son influence littéraire et politique sur son temps, par M. Villemain. *Paris*, *Michel Lévy*, 1858, in-8, br.

975. Études historiques et biographiques, par M. le baron de Barante. *Paris*, *Didier*, 1857, 2 vol. in-8, br.

976. Royer-Collard, sa vie privée, sa famille, par A. Philippe. *Paris*, *Michel Lévy*, 1857, in-8, br.

977. La Vie politique de M. Royer-Collard, ses discours et ses écrits, par M. de Barante. *Paris*, *Didier*, 1861, 2 vol. in-8, br.

978. Le Comte Duchâtel, par L. Vitet, avec un portrait d'après Ingres, gravé par Flameng. *Paris*, *M. Lévy*, 1875, in-8, portr. br.

978 *bis*. Casimir Périer, notice historique, par Ch. de Rémusat. — La Politique conservatrice de Casimir Périer, par le comte de Montalivet. *Paris*, *Michel Lévy*, 1874, in-12, br.

979. Le Duc de Broglie, par M. F. Guizot, in-12. — Trois Générations, par M. Guizot, in-12. — Un Projet de mariage royal, par M. Guizot, in-12. Ensemble 3 vol. in-12, br.

980. Béranger et son temps, par J. Janin, frontispice avec portrait à l'eau-forte de Staal. *Paris*, *Pincebourde*, 1866, 2 vol. in-12, front. br.

Papier de Chine, frontispice en 3 états.

981. Gleyre, étude biographique et critique avec le catalogue raisonné de l'œuvre du maître, par Ch. Clément; ouvrage orné de 30 photogravures. *Paris, Didier*, 1878, gr. in-8, portr. et phot. br.

982. Éloges historiques, par M. Mignet. *Paris, Didier*, 1864, in-8, br.

983. Portraits après décès, avec lettres inédites et fac-simile, par Ch. Monselet. *Paris*, *Furne,* 1866, in-12, fac-simile, br.

984. Les Martyrs ridicules, par Léon Cladel, avec une préface de Charles Baudelaire. *Paris*, *Poulet-Malassis*, 1862, in-12, br.

Rare.

---

985. Histoire de la vie et des ouvrages de François Bacon, suivie de quelques-uns de ses écrits; traduit pour la première fois en français, par J.-B. de Vauzelles. *Paris*, *Levrault,* 1833, 2 vol. in-8, br.

986. Mémoires de Gibbon, suivis de quelques ouvrages posthumes et de quelques lettres du même auteur, recueillis et publiés par lord Sheffield. *Paris*, *an V*, 2 vol. in-8, veau éc.

987. Essai historique sur la vie et les ouvrages de William Robertson, écrit par Dugald Stewart et traduit de l'anglais par Ymbert. *Paris, Collin*, 1806, in-8, br.

988. Lord Byron jugé par les témoins de sa vie. *Paris, Amyot*, 1868, 2 vol. in-8, br.

---

989. Essais de biographie et de critique, par W.-H. Prescott. *Bruxelles et Leipzig*, 1862, 2 vol. in-8, br.

990. La Vie de B. de Spinosa, tirée des écrits de ce philosophe, etc., par Jean Colérus. *La Haie, Johnson,* 1706, in-12. — La Vérité de la résurrection de Jésus-Christ défendue contre B. de Spinosa, etc., par Jean Colérus. *La Haie*, 1706, in-12. En un vol. in-12, veau fauve.

991. Une Année mémorable de la vie d'Auguste de Kotzebue, publiée par lui-même, traduit de l'allemand. *Berlin*, 1802, 2 vol. in-8, fig. veau rac.

992. Goethe, ses mémoires et sa vie, traduits et annotés par Henri Richelot. *Paris, J. Hetzel,* 1863, 4 vol. in-8, br.

993. Recueil de 8 pièces de ou sur Jér.-Jacq. Oberlin, professeur à l'académie protestante de Strasbourg. En un vol. in-8, portr. et pl. *broché.*

994. Jérome Savonarole, sa vie, ses prédications, ses écrits, d'après les documents originaux, etc., par F.-T. Perrens. *Paris, Hachette,* 1853, in-8, br.

995. Notice biographique et bibliographique sur J.-G. Alione (d'Asti), par J.-C. Brunet. *Paris, Silvestre,* 1836, in-8, br.

Extraite de l'édition des poésies, publiées par M. Brunet et tirée à 25 exemplaires.

996. Mes Prisons, suivi des Devoirs des hommes, par Silvio Pellico, édition illustrée d'après les dessins de MM. Gérard Séguin, d'Aubigny, etc. *Paris, H. Delloye,* 1844, gr. in-8, fig. demi-rel.

Premier tirage des gravures.

997. Essai sur Moïse Koren, historien arménien du ve siècle, par C.-E. Pichard. *Paris, Alph. Lemerre,* 1866, in-8. cart.

XII. BIBLIOGRAPHIE.

998. Histoire de l'imprimerie et de la librairie, où l'on voit son origine et son progrès jusqu'en 1689. *Paris, J. de la Caille,* 1689, in-4, veau marbré.

Nombreuses annotations au crayon rouge.

999. Analyse des opinions diverses sur l'origine de l'imprimerie, par Daunou. *Paris, Baudoin, an X,* in-4, demi-rel. veau.

1000. Origine de l'imprimerie, d'après les titres authentiques, l'opinion de M. Daunou, etc., par P. Lambert. *Paris, Nicolle,* 1810, 2 vol. in-8, portr. et pl. demi-rel. veau violet.

1001. Essai sur la typographie, par M. Ambr. F.-Didot. *Paris, F.-Didot,* 1851, gr. in-8, br.

1002. Essai historique et critique sur l'invention de l'imprimerie par Ch. Pacile. *Paris,* 1859, in-8, pl. br.

1003. Speculum humanæ salvationis, le plus ancien monument de la xylographie et de la typographie réunies, reproduit en fac-simile avec introduction, par Bergeau. *Londres, Stewart,* 1861, in-4, fig. cart. n. r.

1004. Essai sur les monuments typographiques de Jean Gutenberg, inventeur de l'imprimerie, par Gotsheff. *Mayence, an X*, in-4, port. et pl. — Notice du premier monument typographique en caractères mobiles, déposé à la Bibliothèque de Paris, par Fischer. *Mayence*, 1804, in-4. Ensemble 2 vol. in-4, br.

1005. Die Anfange der Druckerkunst in Bild und Schrift. An deren frühesten Erzeugnissen in der Weigel'schen Sammlung, erläutert von T.-O. Weigel und Dr. Ad. Zestermann, mitt 145 fac-similes und vielen in den Text gedruckten Holzschnitten. *Leipzig, T. O. Weigel*, 1866, 2 vol. in-fol. portr. et pl. col. cart. toile, tr. rouge.

1006. Catalogue des premières productions de l'art d'imprimer en possession de M. T.-O. Weigel à Leipzig, orné de 12 planches. *Leipzig, T.-O. Weigel*, 1872, in-8, fig. br.

Avec la table des prix d'adjudication.

1007. Lettres d'un bibliographe, suivies d'un Essai sur l'origine de l'imprimerie de Paris, cinquième série, ornée d'un atlas, par J.-P.-A. Madden. *Paris, E. Leroux*, 1878, in-8, et atlas in-4, fig. br.

1008. Recherches sur l'établissement et l'exercice de l'imprimerie à Troyes, par M. Corrard de Bréban. *Paris, Delion*, in-8, b.

1009. Xylographie de l'imprimerie troyenne pendant le XVe, le XVIe, le XVIIIe siècle, précédée d'une Lettre du bibliophile Jacob sur l'histoire de la gravure en bois, publiée par Varusoltis, de Troyes. *Troyes et Paris*, 1859, in-4, fig. br.

1010. Bibliographie lyonnaise du XVe siècle, par A. Péricaud. *Paris, Delion*, 1851, 2 broch. in-8.

1011. Alde Manuce et l'hellénisme à Venise, par Ambr. F.-Didot, orné de quatre portraits et d'un fac-simile. *Paris, Didot*, 1875, in-8, br.

1012. Geofroy Tory, peintre et graveur royal, réformateur de l'orthographe et de la typographie sous François Ier, par Aug. Bernard. *Paris, Tross*, 1865, in-8, fig. br.

1013. Robert Estienne, imprimeur royal, et le roi François Ier, par Crapelet, imprimeur; avec sept planches. *Paris, impr. Capelet*, 1839, in-8, pl. br.

1014. Une Association d'imprimeurs et de libraires de Paris, réfugiés à Tours au XVIe siècle. *Tours*, 1877, in-4, br.

1014 *bis*. Recherches historiques, généalogiques et bibliographiques sur les Elzevier, par A. de Reume. *Bruxelles*, 1847, gr. in-8, portr. demi-rel. cuir de Russie, n. r.

1015. Annales plantiniennes depuis la fondation de l'imprimerie plantinienne à Anvers, jusqu'à la mort de Chr. Plantin, par Ruelem et de Backer. *Paris*, *Tross*, 1866, in-8, portr. br.

1016. Cazin, sa vie et ses éditions, par un cazinophile. *Cazinopolis* (*Reims*) 1863, in-12, br.

1017. Cazin, sa vie et ses éditions, par un cazinophile. *Reims, P. Giret,* 1876, in-12, br.

Le même, in-12, br.

1018. Études sur le petit format dit Cazin. *Paris, Corroënne,* 1877, in-12, br.

Première partie. 2 *ex.*

1019. Essai sur l'histoire de l'imprimerie en Belgique depuis le XVe jusqu'à la fin du XVIIIe siècle, par J.-B. Vincent. *Bruxelles*, 1867, in-8, br.

1020. Manuel théorique et pratique de la presse, histoire, législation, etc., 1500-1868, par Eug. Hatin. *Paris, Pagnerre*, 1868, 2 vol. in-8, br.

1021. La Presse périodique de 1789 à 1867. Lettres au rédacteur de *l'Etendard*, par F. Giraudeau. *Paris, Dentu.* 1867, in-8, br.

1022. Bibliographie historique et critique de la presse périodique française, etc., par Eug. Hatin. *Paris, Didot,* 1866, in-8, portr. br.

1023. Album typographique de l'Imprimerie royale. *Paris, Impr. royale,* 1830, in-4, pl. en or et en couleurs, mar. rouge, dos orné, dent. (*aux armes de France*).

Album exécuté pour le roi et la reine des Deux-Siciles à l'occasion de leur visite à l'Imprimerie royale.

1024. Manuel du libraire et de l'amateur de livres, par Jacques-Charles Brunet ; cinquième édition, entièrement refondue et augmentée d'un tiers par l'auteur. *Paris, F.-Didot*, 1860-65, 6 vol. gr. in-8, demi-rel. mar. bleu, tête dor. éb.

1025. Recherches bibliographiques et critiques sur les éditions originales des cinq livres du roman de Rabelais, etc., par Jacq.-Ch. Brunet. *Paris, L. Potier*, 1852, in-8, demi-rel. dos et coins de chagr. violet, éb.

1026. Notice sur les différentes éditions des Heures gothiques, ornées de gravures, imprimées à Paris, à la fin du xve siècle et au commencement du xvie, par J.-Ch. Brunet. *Paris*, *Silvestre*, 1834, in-8, demi-rel. mar. brun, tête dor. éb.

Tiré à 30 exemplaires, très-rare.

1027. Mémoires bibliographiques et littéraires, par Ant.-Fr. Delandine. *Paris*, *Renouard*, *s. d.*, in-8, br.

1028. Essai portatif de bibliographie, rédigé et imprimé par un libraire imprimeur de 18 ans (par Ignace Fournier). *Paris, l'an* IV, 1795, in-8, cart. n. r.

1029. Les Cartons d'un ancien bibliothécaire de Marseille (l'abbé Rive), par Robert Reboul. *Draguignan*, 1875, in-8, br.

1030. Voyage bibliographique, archéologique et pittoresque en France, par le Rév. Th. Frugnall Dibdin, traduit de l'anglais avec des notes par Th. Licquet. *Caen, Mancel*, 1825, 4 vol. in-8, br.

1031. Voyages littéraires sur les quais de Paris, par Fontaine de Resbecq. *Paris*, *Durand*, 1857, in-12, br.

Épuisé.

1032. Les Monogrammes historiques d'après les monuments originaux, par Aglaüs Bouvenne. *Paris, Acad. des bibliophiles*, 1870, in-12, br.

1033. Dictionnaire des ouvrages anonymes et pseudonymes, composés, traduits ou publiés en français et en latin, avec les noms des auteurs, traducteurs et éditeurs, par M. Barbier, seconde édition. *Paris*, *Barrois*, 1822, 4 vol. in-8, portr. demi-rel. veau.

1034, Les Bibliothèques françoises de la Croix du Maine et de du Verdier, sieur de Vauprivas, nouvelle édition, revue et corrigée avec des remarques par M. de la Monnoye, etc., par M. Rigoley de Juvigny. *Paris*, *Saillant et Nyon*, 1772-73, 6 vol. in-4, veau marbré.

Superbe exemplaire de la meilleure édition.

1035. Les Supercheries littéraires dévoilées, galerie des auteurs apocryphes, supposés, etc., de la littérature française, par M. J.-M. Quérard. *Paris*, 1847-57, 5 vol. in-8, demi-rel. veau vert.

1036. Dictionnaire historique, littéraire et bibliographique des Françaises et des étrangères connues par leurs écrits, etc., par Mme Fortunée Briquet. *Paris*, 1804, in-8, portr. br.

Un joli portrait gravé par Gaucher.

1037. Bibliographie des Mazarinades, publiée pour la Société de l'Histoire de France par C. Moreau. *Paris*, *Renouard*, 1850-51, 3 vol. in-8, br.

1038. Bibliothèque universelle des voyages, ou Notice complète et raisonnée de tous les voyages anciens et modernes, etc., par G. Boucher de la Richarderie. *Paris, Treuttel et Würtz*, 1808, 6 vol. in-8, cart. n. r.

1039. Bibliographie biographique universelle, dictionnaire des ouvrages relatifs à l'histoire de la vie publique et privée des personnages célèbres de tous les temps et de toutes les nations, par E.-M. Œttinger. *Bruxelles*, *Stiénon*, 1854, 2 vol. gr. in-8, br.

1040. Bibliotheca bibliographica. Kritisches Verzeichniss der das gesammt Gebiet der Bibliographie, etc., bearbeitet von Dr J. Petzholdt. *Leipzig*, 1866, in-8, br.

1041. La Bibliothèque des écrivains de la Compagnie de Jésus et le P. Augustin de Backer, par V. Van Tricht. *Louvain*, 1876, in-8, portr. br.

1042. Index librorum prohibitorum S. D. N. Benedicti XIV pontificis maximi. *Romæ*, 1758, in-8, front. demi-rel.

1043. Catalogue des ouvrages mis à l'index. *Paris*, *Beaucé-Rusand*, 1825, in-8, br.

1044. Index librorum prohibitorum, 1559-1851. *Paris*, *Ed. Rouveyre*, 1877, in-12 br.

1045. Notes bibliographiques pour servir à l'étude de l'histoire et de l'archéologie, par Alex. Duréau. *Paris, Joubert*, 1866, in-12, br.

1046. Essai typographique et bibliographique sur l'histoire de la gravure sur bois, par Ambroise F.-Didot. *Paris*, *Didot*, 1863, in-8, br.

1047. Guide de l'amateur de livres à vignettes, par Henry Cohen. *Paris, Rouquette*, 1870, in-8, br.

1048. Variétés bibliographiques et littéraires, par Auguste de Reume. *Bruxelles*, 1847, gr. in-8, fig. demi-rel. veau bleu. (*Duquesne.*)

Tiré à cinquante exemplaires.

1049. Les Ex-libris français, depuis leur origine jusqu'à nos jours (par Poulet-Malassis). *Paris, Rouquette*, 1874, gr. in-8, br. — Le même, nouvelle édition ornée de 24 pl. *Paris, Rouquette*, 1875, gr. in-8 et album, br.

1050. Recherches sur les bibliothèques anciennes et modernes jusqu'à la fondation de la bibliothèque Mazarine, par Petit-Radel. *Paris*, 1819, in-8, front. br.

1051. Notices historiques sur les bibliothèques anciennes et modernes, par J.-L.-A. Bailly. *Paris, Rousselon*, 1828, in-8, br.

1052. Recherches sur la bibliothèque publique de N.-D., par Alf. Franklin. in-8. — Recherche sur la bibliothèque de la Faculté de médecine, par Alf. Franklin, in-8.—Histoire de la bibliothèque de l'abbaye de Saint-Victor, in-8, br.—Histoire de la bibliothèque Mazarine, par Alf. Franklin, in-8. — Recherches historiques sur le collège des Quatre-Nations, par Alf. Franklin, in-8. Ensemble 5 vol. in-8, br.

1053. Inventaire de la bibliothèque du roi Charles VI, fait au Louvre en 1423, par ordre du Régent duc de Bedford. *Paris, pour la Société des bibliophiles*, 1866, in-8, br.

1054. La Bibliothèque impériale, son organisation, son catalogue, par un bibliophile. *Paris, Aubry*, 1861, in-12, br.

1055. Essai historique sur la Bibliothèque du Roi, aujourd'hui Bibliothèque impériale, par Le Prince. *Paris*, 1856, in-12, br.

1056. Lettres des conservateurs de la Bibliothèque royale sur l'ordonnance du 22 février relative à cet établissement. *Paris, H. Fournier*, 1839, in-8, cart.

1057. Réforme de la Bibliothèque du Roi, par P. L. Jacob. *Paris, Techener*, 1845, in-12, br.

1058. Les Manuscrits slaves de la Bibliothèque impériale de Paris, par le P. Martinoy, avec un calque. *Paris*, 1858, in-8, cart. éb.

1059. Recherches sur Louis de Bruges, seigneur de la Gruthuyse, suivies de la notice des manuscrits qui lui ont appartenu et dont la plus grande partie se conserve à la Bibliothèque du Roi. *Paris, de Bure*, 1831, in-18, br.

1060. Rymaille sur les plus célèbres bibliothèques de Paris, en 1649, avec des notes, par Albert de la Fizelière. *Paris, Aubry*, 1868, in-8, br.

1061. Catalogue raisonné de la bibliothèque d'un château

de Lorraine et de livres rares et curieux, manuscrits et imprimés. *Paris*, *Claudin*, 1862-55, 3 vol. in-12 br.

1062. Essai sur la bibliothèque et le cabinet de l'Académie des sciences de Saint-Pétersbourg, par J. Bacmeister. *S. l*, 1776, in-8. veau marbré.

1063. Voyage autour de ma bibliothèque, par Ant. Caillot. *Paris, Hausman*, 1819, 3 vol. in-12, cart.

1064. Monuments inédits ou peu connus, faisant partie du cabinet de Guillaume Libri, et qui se rapportent à l'histoire de l'ornementation chez différents peuples ; seconde édition, augmentée de plusieurs planches. *Londres*, 1864, in-fol. pl. en or et en couleur, dans un carton.

1065. Livres payés en vente publique 1,000 fr. et au-dessus, depuis 1866 jusqu'à ce jour, par Philomneste Junior (Gust. Brunet). *Bordeaux, Lefebvre*, 1877, in-8, br.

1066. Bibliotheca Heinsiana sive catalogus librorum quos magno studio et sumptu, dum viveret, collegit. *Lug. Batav., J. de Vivis, s. d.*, 1682, 2 part. en un vol. in-12, cart. n. r.

Catalogue imprimé en caractères elzéviriens. Prix manuscrits et nombreuses notes latines sur les marges.

1067. Bibliotheca Duboisiana, ou Catalogue de la bibliothèque de feu Son Em. monseigneur le cardinal Dubois. La vente se fera par Jean Swart et P. de Handt. *La Haye*, 1725, 4 vol. in-8, veau.

Curieux catalogue, avec les prix d'adjudication manuscrits.

1068. Catalogue des livres de feu M. l'abbé d'Orléans de Rothelin, par G. Martin. *Paris*, 1746, in-8, portr. demi-rel. mar. rouge.

Avec les prix manuscrits.

1069. Catalogue des livres du cabinet de M. de Boze. *Paris*, 1753, in-8, veau.

Avec les prix manuscrits.

1070. Catalogue des livres rares et précieux de feu M. Gouttard, par Guillaume de Bure. *Paris*, 1780, in-8, br.

Avec les prix manuscrits.

1071. Catalogue des livres provenant du cabinet de Didot le jeune. *Paris*, 1796, in-8, veau.

Prix manuscrits.

1072. Catalogue des livres de la bibliothèque du Conseil d'Etat. *Paris, Impr. de la République, an IX*, 2 tomes en un vol. in-fol. cart. n. r.

1073. Catalogue des livres de la bibliothèque de M. le comte Boutourlin, par M. Ant. et Alex. Barbier et Ch. Pougens. *Paris*, 1805, 2 part. en un vol. in-8, demi-rel.

1074. Catalogue des livres précieux, singuliers et rares, tant imprimés que manuscrits, qui composaient la bibliothèque de M*** (Méon). *Paris, Bleuet jeune, an XII* (1803), in-8, cart.

Avec les prix d'adjudication manuscrits.

1075. Catalogue des livres rares et précieux de la bibliothèque de feu M. Ant.-Bern. Caillard. *Paris, de Bure*, 1810, in-8, cart. n. r.

Avec les prix d'adjudication manuscrits.

1076. Catalogue des livres rares, précieux et bien conditionnés du cabinet de M*** (d'Ourche), par J.-Ch. Brunet fils. *Paris, Brunet*, 1811, in-8, demi-rel. veau.

Avec les prix manuscrits.

1077. Catalogue de livres rares et précieux provenant de la vente Mac-Carthy-Reagh, à vendre aux prix marqués à chaque article. *Paris, de Bure*, 1817, gr. in-8, br.

1078. Bibliotheca Meermanniana, sive Catalogus librorum impressorum et codicum manuscriptorum, etc., per bibliopolas Luchtmans, Scheurleer, etc. *S. l. n. d.* (*A la Haye*, 1824), 5 tomes en 3 vol. in-8, br.

La table des prix d'adjudication forme le cinquième volume.

1079. Catalogue d'une partie de livres rares, etc., dépendant de la bibliothèque de M. Ch. Nodier. *Paris*, 1827, in-8, br.— Catalogue des livres rares et précieux composant la bibliothèque de M. Ch. Nodier. *Paris*, 1829, in-8, cart. — Catalogue de la bibliothèque de feu M. Ch. Nodier. *Paris*, 1844, in-8, cart. Ensemble 2 vol. in-8, br. et cart.

1080. Catalogue of the library of the late Richard Heber esq. *London*, 1834-36, 13 part. en 4 vol. in-8, demi-rel. veau fauve.

1081. Catalogue des livres composant le fond de librairie de feu M. Crozet, publié avec des notes littéraires et bibliographiques de MM. Ch. Nodier, G. Duplessis, etc. *Paris, Colomb de Batines*, 1841, gr. in-8, demi-rel. dos et coins de veau fauve, tête dor. n. r.

Papier de Hollande avec les prix manuscrits.

1082. Catalogue des livres, dessins et estampes de la bibliothèque de feu M. J.-B. Huzard. *Paris, Ve Bouchard-Huzard*, 1842, 3 vol. in-8, demi-rel. veau.

1083. Bibliothèque de M. le baron Silvestre de Sacy. *Paris, Impr. royale*, 1847, 3 vol. gr. in-8, demi-rel. veau fauve.

Prix d'adjudication manuscrits.

1084. Catalogue des livres, estampes et dessins composant la bibliothèque de feu M. Armand Bertin. *Paris, J. Techener*, 1854, gr. in-8, br.

Papier de Hollande, avec les prix manuscrits.

1085. Catalogue raisonné des livres de la bibliothèque de M. Amb. Firmin-Didot, tome Ier, livres avec figures sur bois. *Paris, F. Didot*, 1857, in-8, br.

1086. Catalogue des livres imprimés, manuscrits et autographes faisant partie de la bibliothèque de feu M. de Monmerqué. *Paris, J. Techener*, 1861, in-8, demi-rel. mar. vert.

1087. Catalogue anecdotique, bibliographique, biographique et facétieux des livres de la bibliothèque du comte André Rostopchine, accompagné d'une vinaigrette de notes, la plupart malsonnantes, pour les morts comme pour les vivants. *Bruxelles*, 1862, in-8 br.

Tiré à 50 exemplaires.

1088. Bibliothèque de M. le baron Stassart, léguée à l'Académie royale de Belgique. *Bruxelles*, 1863, in-8, br.

1089. Catalogue de la bibliothèque de feu M. Ch. Pieters. *Gand*, 1864, in-8, 1 pl. cart.

Avec la table des prix d'adjudication, broché.

1090. Catalogue des livres de la bibliothèque du prince M. Galitzin, rédigé, d'après ses notes autographes, par Ch. Gunzbourg. *Moscou*, 1866, in-8, demi-rel. dor. et coins de mar. violet, tête dor. éb.

1091. Préface du catalogue de la bibliothèque Mazarine, rédigée en 1751 par Desmarais, publiée par Alf. Franklin. *Paris, Miard*, 1867, in-12, br.

1092. Catalogue des livres rares composant la bibliothèque de feu M. Jacques-Ch. Brunet. *Paris, Potier et Adolphe Labitte*, 1868, 2 part. en un vol. in-8, demi-rel. dor. et coins de mar. brun, tête dor. éb.

1093. **Sous ce numéro on vendra en lots quelques catalogues ainsi que plusieurs ouvrages incomplets ou en mauvais état.**

Paris. — Typ. Georges Chamerot, rue des Saints-Pères 19. — 8066.

www.ingramcontent.com/pod-product-compliance
Ingram Content Group UK Ltd.
Pitfield, Milton Keynes, MK11 3LW, UK
UKHW021310190726
13839UKWH00007B/576

9 782329 515779